조선의
마지막 춤꾼
이동안

조선의 마지막 춤꾼, 이동안
재인청 춤의 기억과 김명수식 춤 표기법

초판 1쇄 인쇄 2015년 6월 15일 ＼**초판 1쇄 발행** 2015년 6월 20일
지은이 김명수 ＼**펴낸이** 이영선 ＼**편집 이사** 강영선 ＼**주간** 김선정
편집장 김문정 ＼**편집** 김종훈 김경란 하선정 김정희 ＼**디자인** 김회량 정경아 이주연
마케팅 김일신 이호석 김연수 ＼**관리** 박정래 손미경

펴낸곳 서해문집 ＼**출판등록** 1989년 3월 16일(제406-2005-000047호)
주소 경기도 파주시 광인사길 217(파주출판도시) ＼**전화** (031)955-7470 ＼**팩스** (031)955-7469
홈페이지 www.booksea.co.kr ＼**이메일** shmj21@hanmail.net

김명수 © 2015
ISBN 978-89-7483-725-9 93680
값 20,000원

이 도서의 국립중앙도서관 출판시도서목록(CIP)은 e-CIP 홈페이지(http://www.nl.go.kr/ecip)에서
이용하실 수 있습니다.(CIP제어번호: CIP2015015346)

• 이 책은 1983년에 펴낸 《이동안 태평무의 연구》 개정증보판이다.

조선의
마지막 춤꾼
이동안

재인청 춤의 기억과
김명수식
춤 표기법

김명수 지음

서해문집

아들 황호섭과 어머님 임원순께
그리고 아버님 조각가 김영중을 기억하며

1990년 봄날, 대문을 활짝 열어 제쳐 살던 집을 등지고 가족을 만나러 먼 길을 떠났습니다. 그날 이후 더는 고향집으로 돌아갈 수 없다는 사실을 알 기까지는 오랜 시간이 걸렸습니다. 그 길이 바로 유배자의 길이고 망명자 의 삶이라는 것을 꿈에도 몰랐으니까요.

고국으로 돌아가고 싶다는 그리움을 품은 채, 언젠가 집으로 돌아가면 첫 째로 해야 할 숙제가 바로 이 책이라고 마음먹었습니다. 그리고 이제 '김명 수식 춤 표기법'이란 새로운 틀로 다듬어서 나오니 옛집인 고향에 돌아온 것 같습니다. 그렇습니다. 떠난 집에는 갈 수 없었지만, 그 옛집은 마음의 집이 었다는 사실을 이제야 알았습니다.

가족을 따라 북한을 방문했기 때문에 안기부 조사라는 통과의례가 기다리 고 있었습니다. 그곳에서 몸 사진을 박고 나서 받은 첫 질문이 "너는 어디서 태어났냐?"였습니다. 시작이 의외로 간단하다 싶어 당연히 "서울인데요."라 고 답했습니다. "태어난 곳도 모르는 주제에 북한엘 다녀와?" 다 끝났다는 사 실에 굳게 먹고 있던 마음이 무너져 내렸습니다. 바로 그곳에서 저는 나주시 영산강 줄기에서 태어났다는 사실을 알았습니다. 역설적으로 내 인생의 정체 성을 확인하는 순간이었습니다.

이 책은 그때부터 새롭게 다시 시작되었습니다. 내 춤의 시작은 바로 그곳 어머니의 자궁이었습니다. 새로운 몸이 자궁 속에서 소리를 지르며 나와 호 흡하고 팔다리를 움직여 발가락을 꼬물거리며 일어나서 발디딤을 하고 아장 아장 걸어가서 머무르며 팔놀림을 하면서 붓글씨를 쓰듯 춤사위를 하는 것이 춤이라는 사실을……. 내 몸속에 재인청 춤의 기억을 끄집어내어 세분화시키고 새롭게 표기한 이 책이 바로 김명수의 춤이고 집이라고 생각합니다.

타령, 굿거리장단만 알던 시절에 이동안 선생님의 태평무 장단은 마치 외국어를 듣는 것처럼 불편하지만 환상적이고 경이로운 소리였습니다. 춤사위는 근엄하며 법도가 있고 중성적인 모습이 마치 현대춤을 보는 것 같았습니다. 아! 저 몸짓과 소리 속에 한국춤의 정신이 숨어 있는 것 아닌가 하는 의문 속에 춤 공부를 시작했습니다.

연로해서 꾸벅꾸벅 졸거나 춤사위 시범을 보일 때도 어려운 점이 많았습니다. 그래서 장단과 춤사위를 노트에 기록하다 보니 무보가 되었습니다. 아직도 "아 으 으으 으 니나노 나니 니나노 노 ……"하는 선생의 구음 소리와 장구 치는 모습이 눈에 선하고 귀에 쟁쟁합니다. 탑이 항상 거기에 서 있는 것처럼, 연습하거나 공연할 때도 탑처럼 옆에서 지켜보시는 것을 오래 전부터 알고 있었습니다. 먼 옛날 황토길을 걷듯이 어머니의 숨결이 살아 있는 춤사위가 진정한 한국춤이라고 생각합니다.

이동안 선생님이 돌아가신 지 올해로 20년이 되었습니다. 목욕재계하고 두 손 모아 이 책을 바칩니다.

2015년 서울에서
김명수

요즘 한국무용의 한 수원지水源池로서 전통무용에 대한 관심이 구체화되어 가고 있음을 본다. 막연하게 옛 것을 기리는 단계를 넘어 그것을 오늘에 살아 갈 모든 춤의 바탕으로 삼고자 함은 오히려 늦은 감이 있을 뿐, 당연한 귀착 으로 생각한다.

저자인 김명수 씨는 잠시 한국무용에 천착한 바도 있지만, 대학에서는 주로 발레와 현대무용을 전공한 재원으로서 아주 어려서부터 내가 눈여겨 지켜 본 춤꾼 중의 한 사람이다. 그가 대학을 마친 후 몇 차례의 개인발표를 거치 더니 불현듯 전통무용 쪽에 관심을 쏟는 데는 나 역시 한구석 당황하기도 했 다. 그러나 그와 이야기가 오가면서 그의 충정이 누구나 겪을 수밖에 없는 도 정道程임을 알게 되었다. 나의 평소 생각 중에 '…내 것에 대한 기본이 없이는 발레가 되었든 현대무용이든 한 발자국도 나갈 수 없지 않겠는가? 의식이 없 는 흉내에 그치지 않겠는가' 하는 걱정이 있었는데 바로 같은 번민을 하고 있 음을 알게 되었기 때문이다.

이 책에서 다루고 있는 '이동안 옹'은 내가 오랫동안 전통무용의 표본을 찾는 작업에서 대상으로 삼아오는 분이다. 이 분의 '기본무'와 '태평무'는 가히 소중 한 유산이라 할 수 있겠는데 이제 이 저서를 통하여 분석되고 정리되니 기쁘 기 그지없다. 무용계의 본격적 연구서가 희귀한 이 마당에 《이동안 태평무의 연구》는 한국무용을 살찌우게 하는 또 하나의 방향을 제시하리라 믿는다. 끝 으로 저자의 노고에 감사하며, 소신에 굽힘이 없이 정진해 주기 바란다.

강준일

우리의 전통음악을 보존키 위해 서양음악의 표기방식을 사용하는 일이 종종 있지만, 결코 이것이 만족할 만한 것은 아닌 것 같다. 그 이유는 단순히 동서양의 예술적 가치 차이 때문은 아니다. 이 기보 방식이 목적하는 바가 우리의 처지와 상당히 다르기 때문이다.

서양음악의 표기법은 작곡자와 연주자를 분리시키는 데 공헌했다. 이 방식은 작품을 객관화시켜 연주자의 재창조적 능력에 많은 부분을 일임하고 있다는 점이 독특하다. 그러나 결코 뛰어난 연주를 기록하는 데에, 아니면 주관적이거나 독특한 표현을 기보하는 경우 또한 객관적으로 표기되기 어려운 음정이나 리듬의 표기에는 전혀 합당한 방식이 될 수 없다. 그러므로 지난 세기까지 약 5~6세기에 걸친 음악을 제외하고는 이 표기법이 별로 좋은 것이라고 간주되지는 않는다. 특히 현대에 이르러 많은 급진적 작곡가들이 그 모순점을 극복하려는 움직임을 보여 종래의 표기에서 탈피하고 있음이 사실이다.

이렇게 볼 때 연주자와 창작가가 분리되지 않거나, 혹은 구전되어 온 우리의 전통음악을 이런 표기방식에 의해 보존하려는 의도는 결코 완전한 결과를 가져다주지는 않을 것이 뻔한 일이다. 그러나 여하간에 상실되는 전통을 막아보려는 하나의 노력으로 이 방식을 부득이 사용할 수밖에 없는 처지임을 밝혀두려 한다.

태평무의 장단은 전통예술과 가까이 지내는 사람들에게 그리 대단히 놀라운 것은 아니다. 오히려 우리 춤가락에 기본이라 할 수 있는 친숙한 것들로 만들어져 있어 이를 무심히 대하기 쉬운 것으로 보인다. 그래서 이를 폐쇄적인 서구식 표기로 나열했을 때 평범한 것에 불과한 것으로 지나치기 쉽다는 사실을 깨닫게 되었다. 이같이 단순한 몇 개의 장단이 반복되는 장단은 원시적 춤가락에 흔히 발견되는 것이기 때문이다.

만약에 이런 결론을 내린다면, 우리의 전통음악을 서양식으로 표기한다고 해서 무엇이 잘못될 수 있겠는가 하는 엉뚱한 결론에 당착될 수 있음을 유의해야 한다. 바로 이 점이 이동안 선생의 장단을 채보하는 과정에서 가장 곤혹스러웠던 점이다. 왜냐하면 그의 장단을 세세히 고찰해 본다면 결코 이런 수학적인 규칙 장단의 연속에 불과한 것이 아니기 때문이다. 장단을 이루는 작은 가락들이 아주 섬세하게 전체의 거대한 리듬 현상을 구축시키고 있다. 결코 이것은 흔한 태평무가 아니라 이른바 '이동안'의 '태평무'를 이루고 있는 것이다.

선생의 춤이 독창적이라는 것이 사실이라면, 응당 그의 장단도 독창적일 것은 당연하다. 이는 결코 우리 전통음악이 단순한 몇몇 장단의 규칙적인 나열이 아님을 증명해 주는 귀중한 증거가 된다. 단지 현재 우리의 기본 방식으로는 이를 확고히 밝힐 방법이 없다. 그러나 멀지 않아 이것도 가능하게 되리라는 확신을 갖고 있다.

그런 의미에서 태평무 장단의 채보는 그 시도의 한 출발임을 말해 두려 한다. 또한 이런 과정에 의해 우리의 본질이 무엇인지를 조금씩 깨닫는 계기가 될 것이라는 점에서 의의를 찾고 싶은 심정이다.

대학을 졸업한 지 5년 만에 다시 강의실에 들어서는 마음으로 이 글을 씁니다. 많은 사람들이 딴 길을 간다고 하지만 지난 시간 동안 전통춤의 언저리를 배회한 나 자신에 대해 후회는 없습니다.

현대춤이란 그의 포용의 세계가 가장 무한하고 또 오히려 자유분방할 만큼 사고의 영역을 넓힐 수 있는 것일진대, 우리의 것인 한국춤에 소홀할 수 있을 것인가 하는 나름대로의 소견을 갖고 지난 몇 년을 외톨이로 지내면서, 가까웠던 친구들과도 서먹해졌던 것만은 사실입니다. 그러나 어느 땐가는 더욱 가까운 춤꾼 사이가 되리라 믿으면서 외로운 길을 걸어왔습니다.

사실은 벌써 미국으로 유학갈 예정이기도 했지만, 분별없는 심신에 최소한의 영양이나마 마련키 위해서 정신 나간 사람처럼 서울의 뒷골목과 시골길을 헤매지 않을 수 없었습니다. 한국춤을 소중한 반딧불이로 여기면서 지난 시간을 지냈습니다. 그러나 끝까지 그것을 고집하려 함은 아닙니다. 가능하다면 그릇을 키우고자 하는 욕심일 뿐입니다.

이 책을 엮을 수 있도록 저를 가르치고 조언을 아끼지 않으신 이동안 선생님은 올해 76세입니다. 남다른 건강은 있다 하지만 연세만은 속일 수가 없습니다. 장구를 치다가 졸고, 또 순서가 뒤바뀐 적도 허다했지만 "이것만은 명수한테 전하고 가야지!" 하신 재인청의 후예이자 원로 춤꾼인 이동안 선생님에 의하여 얻어진 것임을 분명히 밝히고 싶습니다. 다만 넓고도 먼 길의 겨우 문턱에 선 나이에 분수없는 짓을 하는 것이 아닌가 하는 자책도 있지만 스스

로의 방황을 막기 위한 제동장치로서 이 책을 펴내고 싶습니다.

　무보란 것이 한두 사람에 의해서 한두 번의 작업으로 성과를 거두리라 믿지는 않습니다. 외람되지만 새로 태어난 각오로 이런 작업을 시작하겠다는 자신과의 약속이기도 합니다. 앞으로 기회가 주어지는 대로 사랑으로 감싸주신 김숙자 선생님의 무속춤도 무보로 만들고자 합니다.

　이 책이 나오기까지 도와주신 분은 많습니다. 먼저 어머님 말씀을 드리고자 합니다. 김명수춤연구소를 마련해주신 어머님께 머리를 숙입니다. 그리고 서양악보로 채보해주신 강준일姜駿─ 선생님과 서문을 주신 정병호鄭昞浩 교수님, 정간보를 살펴준 최태현 선생님 그리고 출판에 응해준 나래의 신영철 씨께도 감사드립니다.

화성 재인청과
1910년대
경성의 근대식 무대,

그리고
스승
김인호.

화성 재인청

재인청은 1784년부터 1922년까지 138년에 걸쳐 존속한 전문 예인의 민간 조직 또는 집단이다. 재인청 소속 예인들은 보통 때는 각자 고장에서 활동하다가 나라의 큰 행사가 있을 때면 한양에 올라와 궁중 행사에 참여했다. 1824년에는 전국적인 규모로 재인청의 조직을 개조했는데, 그 중에서도 경기도 화성 재인청이 가장 커서 전국에서 탁월한 예인들이 몰려들었다.

재인청에 들어가려면 이미 일정한 실력을 갖춘 예인이어야만 했다. 특히 재인청의 교육은 위계질서가 철저해 이를 어긴 자에게는 '손도법損徒法'이라 하여 그 누구도 3년간은 말을 건네지 않아 고립시켰다. 그리고 모든 과정을 거친 사람에게는 무려 3일간이나 삼현육각三絃六角을 울리며 유가遊街의 행사를 치러 주었다. 이렇게 엄격한 규범과 고도의 훈련을 쌓는 교육과정을 거쳐 실력과 재인청 출신다운 자격을 인정받고서야 궁중이나 관가, 그리고 기타 여러 곳에 배치되었다.

　재인청 예인들은 춤뿐만 아니라 전반적인 국악 교육을 받았다. 악기 연주는 물론 땅재주, 줄타기 등의 재주와 판소리도 했다. 이동백, 김정렬, 송만갑, 김창환과 같은 판소리 명창들도 재인청을 거친 인물이었음을 볼 때, 재인청은 요즘의 종합예술교육기관 같은 것이었다.

　그러나 일본강점기인 1922년에 화성 재인청이 강제로 폐쇄되었고, 이후 재인청 소속의 재인과 무당, 창우들은 각자 흩어져 국악 단체에 소속되거나 개인 활동으로 전환하게 된다.

1910년대 경성의 근대식 무대 출현

1902년 8월 협률사가 문을 열었다. 제대로 된 극장식 무대가 경성에 나타난 것이다. 오늘날 새문안교회 자리로, 최초의 극장식 무대인 동시에 최초의 국립극장이었다고 할 수 있다. '소춘대유희笑春臺遊戱'라는 이름으로 춤, 소리, 판소리, 무동춤 등의 다양한 공연을 펼치면서 일약 장안의 화제로 떠오른다. 협률사는 1908년부터 1914년까지 민간 극장으로 임대해 '원각사圓覺社'로 이름을 바꿔 운영됐다.

　협률사의 영향으로 단성사(1907), 연흥사(1908), 장안사(1908) 등 극장들이 많이 생겼다. 동대문 근처에 있던 광무대光武臺(1907~1931)도 그 중 하나였다. 광무대가 가장 뛰어난 전통연희의 공연장이 된 데는 걸출한 흥행사 박승필 (1875~1932)의 역할이 아주 컸다.

　극장식 무대의 초기 연희 종목은 창극과 민속 연희, 영화 등이고, 우리춤이 무대에 오르게 된 것은 1907년이다. 1910년을 전후해 서구식 극장의 출현과 함께 춤의 무대화를 주도한 측은 기생조합이었고, 이들이 일으킨 흥행의 뒤편에는 우리의 전통예술을 면면히 이어온 광대들이 자리하고 있었다. 오늘날 전통춤으로 이름이 알려진 김인호, 한성준, 이동안 등은 모두 권번의 선생 노릇을 한 공통점이 있다.

광무대를 휘어잡은 스승 김인호

재인청의 예인들은 1920년대 경성 광무대를 휘어잡았다. 김인호가 승무를 추고, 최하춘이 망건뜨기, 박춘재가 발탈을 했으며, 장단은 한성준이 맡았다. 기생들은 정재무, 농악 등도 했다. 여기에 더해 줄타기, 대금과 피리 · 해금, 태평소, 남도잡가, 경서도창과 재담에서 최고의 명인들이 광무대에 포진해 있었다.

화성 재인청 출신인 김인호는 온갖 민속예능에 두루 능하며 한말에는 궁중 출입까지 한 탁월한 재인이었다. 협률사 소속의 국악인이기도 한 그의 스승은 판소리와 줄타기 명인 이날치였다.

김인호는 명창 이동백과 한성준 사이에 이루어졌던 회고담에도 등장한다.

이동백 : 광대나 고수할 것 없이 제일 호사스런 때가 언제라 할꼬?

한성준 : 그야 원각사 시절이겠지요.

이동백 : 나도 그래. 그때는 정말 상놈의 대접을 받았으나 노래 부르고 춤출 만했었지. 순종과 한 대청에서 놀기까지 했으니까.

한성준 : 그때 김인호가 두꺼비 재주를 넘다가 바로 순종 무릎에 떨어지자 기쁘게 웃으셨지요. 그때 그 광경이 눈에 선합니다. 그 당시 형님은 순종의 귀여움을 상당히 받았을 거요. 원각사에서 형님이 소리할 때면 순종께서 전화통을 귀에

대시고 듣기까지 하셨으니까.

- 〈춘추〉, 1941년 3월

1914년부터 1930년까지 〈매일신보〉에 등장하는 김인호 관련 기사들을 보면, 주로 광무대에서 열리는 연희 종목이 나온다. 김인호는 중타령·주리타령 등의 노래, 중춤·법고 등의 춤, 땅재주·탈놀음, 재담 혹은 웃음거리라고 하는 화극話劇 등을 공연했다. 광대의 전통적인 종목과 함께 춤은 당시 광무대 극장에 맞게 만들어서 추었다고 연구자들은 보고 있다.

김인호는 이동안의 춤 스승이었다. 광무대 시절 권번 사람들이 와서 김인호에게서 춤을 배웠는데 이동안도 그에게서 춤의 유래 등 이론과 각종 춤을 배워 광무대에서 공연했다. 이동안이 김인호에게서 배운 춤이 30여 가지라 했고, 나머지 춤은 대체로 광무대 기생들에게 가르쳐 추게 한 것으로 보인다. 이렇듯 김인호는 새로운 시대에 맞는 새로운 전통춤을 만들어냈고, 흥행에 성공했다고 할 수 있다.

김인호는 1915년 광무대와 연흥사 등에 있던 광대 등이 모두 모여 '경성구파배우조합'을 만들 때, 부조합장을 맡기도 했다. 〈매일신보〉 1915년 4월 1일 자 '광대의 죠합 셜립' 기사를 보면, 당시는 김창환, 이동백, 김봉이 등 판소리 명창들이 전통공연 활동을 주도했다는 것을 알 수 있다. 그러한 시기에 춤꾼 김인호 역시 광무대를 대표하는 예인이었다.

김인호와 한성준의 춤

김인호에서 이동안으로 전승된 화성 재인청 춤은 예인에 의해 재창조를 거친, 다듬어진 춤이다. 화성 재인청 춤은 경기도당굿에 바탕을 둔 흥과 신명을 바탕으로, 궁중춤을 비롯하여 민속춤, 무속춤, 기방춤, 광대춤 등 다양한 춤을 포함하고 있다.

이동안이 광무대로 김인호를 찾아갔을 때 벌써 70세에 가까운 노령이었다고 한다. 또한 당시에 한성준은 광무대에서 김인호 춤을 반주했고, 권번에 나가서도 김인호는 춤을 가르치고 한성준은 장단을 잡아주었다. 특히 다른 권번의 춤 선생들도 김인호에게 춤을 배우러 왔다.

근대의 전통춤을 대표하는 한성준이 광무대에서 김인호의 춤 반주를 하면서 많은 춤을 익히고 기억했다가 말년에 많은 춤을 전승시킬 수 있었다고 보는 연구도 있다.

한성준은 1937년 12월 조선음악무용연구회를 만들어 춤을 뒤늦게 가르치기 시작했다. 말년 그 짧은 기간에 그렇게 많은 춤을 정립하고 가르칠 수 있었던 것은 오로지 김인호가 남긴 다양한 재인청 춤이 있었기 때문이라고 본 것이다.

조선음악무용연구회에서 한성준이 춤을 가르치면서, 이동안을 조교로 삼아 여러 춤을 지도하게 한 것에서도 또 하나의 근거가 된다. 재인청 전승춤과 한성준 전승춤이 수십 종이나 중복되는 이유도 여기에 있다고 본다.

김인호와 한성준은 둘 다 30여 종의 춤을 창안하거나 다듬어냈다고 알려졌다. 그러나 김인호의 춤이 화성 재인청 집단 고유의 정통성을 고집하는 바지춤이었다면, 한성준의 춤은 여무로서 높은 격조를 유지할 수 있었던 점에서 큰 차이가 있다. 특히 한성준은 조선음악무용연구회를 통해 음악뿐만 아니라 그간 보고 익혔던 한국춤을 한층 격조 있게 다듬거나 창안해 당장 무대화시켰고, 특히 춤의 전수체계를 갖춘 점에서 높이 평가받고 있다.

반면에 김인호는 이동안이라는 걸출한 제자 하나를 키우는 데 그쳤고, 이동안의 전승 노력 또한 그다지 흡족한 결과를 가져오지는 못했다. 거대한 전문 예인 집단의 흐름을 쉽게 찾을 수 없는 안타까운 현실만 남았다.

재인청의
마지막 춤꾼,

이동안의
생애.

운학雲鶴 이동안李東安은 1906년 12월 6일 경기도 화성군 향남면 송곡리 13번지에서 화성 재인청 도대방都大房인 아버지 이재학李在學(1874~1946)과 어머니 해주 오씨의 아들로 태어났다. 아버지 이재학은 해금에 조예가 깊었다. 할아버지 역시 도대방 출신으로, 단가와 피리의 명인 소리를 들었던 이하실李夏實이다. 작은할아버지 이창실李昌實은 줄타기의 명인이었다. 6대조 역시 유명한 줄타기꾼으로, 집안 대대로 예인의 기질이 이어져 온 셈이다.

처음에는 아버지의 뜻에 따라 가무악 대신 글공부를 했다. 열한 살에 서당에서 천자문을 거쳐 통감4권까지 배웠지만, 실상은 공부보다도 할아버지가 부는 피리나 젓대를 몰래 가지고 놀거나 어름타기(줄타기) 흉내를 내며 노는 것에 더 재미가 팔려 있었다.

열두 살이 되던 해 동네에 경기도 안성 남사당패가 들어왔다. 며칠을 넋 놓고 따라다니다가 마침내 남사당 패거리의 광대인 김석철을 따라 나섰다. 꼬박 하루가 걸려 도착한 곳이 황해도 황주. 정화춘이 모가비로 있던 남사당패로 들어간 것이다. 그곳에서 새미(무동) 노릇을 하며 임종성에게 줄타기와 땅재주를 배웠다.

1년 남짓 후 황해도 황주 노름판에서 아버지에게 붙들려 집으로 돌아왔다. 집에 와서도 줄을 매놓고 줄꾼 임상문과 같이 줄타기를 했다. 반대하던 아버지도 팔자소관이라며 어쩔 수 없이 재인의 길을 걷도록 허락했다. 그러면서 본격적인 수련을 위해 화성 재인청의 뜬쇠들로부터 재인청의 춤과 반주음악을 익히게 해주었다. 줄타기의 명인인 김관보를 독선생으로 모셔왔다는 기록도 있다.

한편 재인청 도대방인 아버지는 열세 살 어린 아들에게 도대방 자리를 물려주었다. 그러나 1922년 일본이 강제로 화성 재인청을 폐지하는 바람에 결국 그가 마지막 도대방이 되었다. 그 후로도 얼마간은 재인청 자리인 화성행궁 화령전 풍화당에서 공부를 계속 했다.

열네 살이 되던 1920년, 아버지의 강제로 두 살 위의 처녀 연화와 혼인했다.

그러나 장가든 지 나흘 만에 또다시 집을 나왔다. 이름난 선생에게 배우자고 무작정 서울로 올라온 것이다. 갈 데 없어 용산의 한 담뱃가게에서 밥이나 얻어먹으며 일을 돕던 그에게 어느 날 한 남자가 "너 황해도에서 줄 타고 땅재주 넘던 아이 아니냐?"고 물었다. 그를 따라간 곳이 당시 황금정(현재의 을지로)에 있는 광무대였다. 당시 광무대의 줄타기 명인인 김봉업에게 "이놈이 얼음도 좀 타고 살판도 좀 하니 시켜보라"며 소개했다(다른 자료에 의하면 노량진 근처에서 쓰러져 있던 그를 어떤 참외장수가 광무대로 데려갔다. 그가 예전에 줄 타는 걸 본 사람이었다고 한다).

전통예능의 전용극장인 광무대에는 당시 최고의 흥행사인 박승필이 있었다. 그에게 발탁되어 낮에는 최고 수준의 스승들에게 전문 예능을 체계적으로 배웠으며, 밤에는 광무대 공연에 출연하여 순식간에 인기를 모았다.

이때부터 광무대가 1930년 5월 화재로 인해 소실될 때까지 당시 줄타기의 명인 김관보金官寶, 전통춤과 장단의 대가 김인호金仁鎬(일명 복돌), 대금, 피리, 해금의 명인 장점보張點寶, 태평소의 대가 방태진方泰鎭, 경서도창과 재담 그리고 발탈의 명인 박춘재朴春在(예명 박팔봉), 남도잡가를 하는 조진영趙鎭英 등에게서 모든 것을 익혔다.

특히 이날치의 제자이자 재인청 출신의 춤 명인인 김인호한테서는 30여 종의 춤뿐만이 아니라 전통춤의 장단까지 고스란히 물려받았다.

광무대뿐만 아니라 원각사와 문락정에도 출연하던 재주꾼 이동안의 소문은 5대 권번을 비롯하여 장안에 널리 퍼졌다. 이때 기생 사이에서는 '살짝곰보 이동안 온갖 멋은 다 가지고, 만나달라 애원해도 대꾸조차 안 하더라' 라는 한탄어린 타령조가 오르내렸다. 어딜 가나 최고 대우였다. 춤과 줄 타는 솜씨로 소 두 마리 값을 받았고, 열광한 구경꾼이 내놓은 돈만도 한 달 봉급이 넘었다.

한편 1924년 무렵 광무대 근처 박승필이 마련해 준 집에 살고 있었다. 그러던 어느 날 그는 문 앞에서 한 여자와 맞닥뜨렸다. 자신이 세 들어 살고 있는 집이 바로 처 삼촌집이었던 것이다. 해후 치고는 기막힌 해후였다. 신방 차리고 며칠 만에 집을 뛰쳐나온 그는 우연찮게 부인을 다시 만나 그날로 다시 살림을 차렸다. 그는 그 당시를 이렇게 회고한다. "지금 생각하면 그때가 가장 행복한 시절이었어. 광무대에서도 꽤나 좋은 대접을 받았지. 공연이 끝나면 뒷문으로 피해야 할 정도로 인기도 좋았고, 마누라와도 3년이나 가장 오래 함게 살았으니까."

광무대에서 한창 이름을 날리던 스물한 살 때인 1927년 다시 부인과 헤어져야 했다. 일본인 '가지야상'이 광무대 봉급의 두 배를 주고, 그것도 열 달치를 먼저 주겠으니 일본 공연을 떠나자는 것이었다. 그는 돈을 받아 부인에게 맡기고 최팔근, 백림봉, 이행, 이일선, 행화, 연옥이, 금옥이 등 12명으로 구성된 '최팔근 일행'을 따라 나섰다. 그러나 그건 인신매매나 마찬가지였다. 일본 전역을 끌려 다니다가 천신만고 끝에 제주도로 탈출했다. 목포를 거쳐 서울로 올라온 그는 낙원동 태순여관 뒷방에서 며칠을 숨어 지내기도 했다.

1930년대 전후로 순업巡業이라고 해서 구극단과 때로는 신파 유랑극단 등과 8도는 물론 멀리 중국·만주까지 공연하고 다니면서 '줄광대' '춤꾼' '잽이(악사)' '발탈' 등 다양한 기예로 이름을 떨친다. 그 당시 얼마나 인기가 좋았던지 아침 11시에 줄을 타기 시작하면 낚싯대에 꽂아 올려주는 돈 때문에 줄 위에서 계란과 국수로 요기를 해가며 줄을 타다가 오후 5시가 되어서야 내려온적도 있었다. 하여튼 서울로 올라올 때는 돈을 가방에 넣어 짊어지고 다녀야할 정도였다.

그러면서 당시 화성권번과 인천권번 그리고 경성의 종로권번, 한성권번, 조선권번에서 타령, 굿거리, 살풀이, 승무 등을 가르쳤다. 서른 살 즈음에는 목포권번에서 장월중선을 가르쳤다. 화성권번 선생으로 있을 당시는 한성준, 한영숙, 강선영, 한영숙의 아버지 한남중과 함께 한영숙의 삼촌 한창선을 단장으로 함경도, 황해도, 만주, 봉천까지 공연하러 다녔다.

한편 스물네 살때인 1930년 함경도 원산 공연 때 발탈을 도맡아 해오던 박춘재가 갑자기 몸이 아파 드러눕자 그를 대신해 공연했다. 의외로 사람들이 좋아하자 그 뒤로는 때때로 발탈을 공연했다.

1933년 판소리 명창이 총집결한 조선성악회에 가입했다. 막내 회원 자격으로 조몽실, 오수암, 이동백, 김창환, 정정렬, 조진영, 임방울, 고수였던 한성준과 다니며 전통춤과 줄타기를 공연했다.

한편 조선성악회에서 파면된 한성준이 1937년 12월에 조선음악무용연구회를 만들었는데, 이동안은 그곳에서 춤을 가르쳤다. 광무대 시절 한성준이 김인호 스승의 춤 장단을 잡았기 때문에 그 인연으로 춤 선생으로 초빙된 것이다. 한성준은 장단만 쳤지 무용은 가르치지 않던 때였다. 한성준이 "최승희가 일본 공연하는데 승무하고 장고무를 배우고 싶댄다. 그러니 좀 가르쳐라" 해서, 최승희에게 장고무, 승무, 태평무, 진쇠춤, 입춤 등을 가르쳤다. 최승희가 춤을 배울 당시 최승희 남편 안막이 같이 와서 춤추는 것을 적고, 그것을 무보로 만들기도 했다.

1940년 한성준이 일본 공연 가기 전 부민관에서 연 〈한성준무용발표회 보고〉 공연에서 태평무와 학무와 진사무(급제무)와 신로심불로를 추었다.

해방 후 '춤과 민속음악연구소'를 만들어 가르치고, 단체로 전국 방방곡곡을 누볐다. 서울 장안의 명사 부인들이 만든 '이동안 선생 후원회'가 있었을 정도로 인기가 많았다. 또한 여성국보단체를 조직하여 대표가 되어 임방울, 조몽실, 전일도, 오수암, 조금앵, 박보화, 도금선 등과 같이 활동했다.

1948년에는 대한국악음악무용전문학원을 차리고 춤을 가르쳤는데 대성황이었다. 여기에서 한때 북한에서 정치적으로 몰려 월남한 후에 딱한 처지에 있던 김백봉을 제자로 맞았다.

1950년에는 '국악동맹'이라는 좌익 단체가 결성되어 많은 국악인이 이 단체에 가입했다. 내키지 않았을 뿐더러 가입 권유가 집요해지자 같은 처지의 임방울과 함께 도망 다녔다. 한때는 같이 망우리 고개에서 참외장사를 하며 연명했다.

한편 6.25전쟁 중에 부인이 폭격 맞아 죽었는데, 그는 나중에야 그 소식을 들었다. "어렸을 때부터 떠돌이 광대 기질이 몸에 밴 데다가 역마살까지 끼었는지 통 한 곳에 오래 머물러 있지를 못했어. 6.25때 마누라가 폭격 맞아 죽는지도 몰랐으니 말이여. 내 몸뚱아리 속에 잽이 피가 흐르고 있는지도 모르겠고." 훗날 이렇게 회한에 찬 말을 남겼다.

1957년 부산에서 여성농악단을 조직하고, 부산시장의 허가를 받아 금강원 안에 가설무대를 지을 때 총감독을 맡았다. 여기서 날마다 공연했는데, 어찌나 인기가 좋았는지 옆에 있던 서커스단과 몇몇 공연 패거리들이 죄다 짐을 싸서 떠났다. 그러면서 차비라도 찬조하라기에 꽤 많은 여비를 보태주었다. 그 여세를 몰아 1952년 유기룡, 박헌봉, 박석희 등과 함께 대한국악원 창립위원이 되었고, 그 후 경기도 지부장을 지냈다.

이후 동래야류회를 근거지로, 부산민속예술협회 지도강사를 지내다가 1965년 한국민속극연구소의 권유로 서울로 올라왔다. 그러나 1970년을 시작으로 점차 전통춤에 대한 관심이 소홀해지면서 활동이 저조해지기 시작했다. 그러던 중에도 부산 민속회관에서 발탈 공연을 가졌다.

1974년에는 정병호, 심우성이 춤을 본격적으로 소개하기 시작했고, 마침내 1977년 일흔한 살에 〈이동안 한량춤 및 발탈 발표회〉를 가졌다. 승무와 한량춤, 병신춤, 진쇠춤과 발탈은 직접 췄으며, 이후 해마다 개인 공연과 함께 〈명무전〉에도 출연해 태평무 등을 췄다.

일흔다섯 살 때인 1981년에는 미국 워싱턴 케네디센터에서 태평무와 희극무를 췄다. 하보경의 범무춤와 북춤, 공옥진의 희극무(병신춤)와 허튼춤, 이매방의 승무와 살풀이와 함께했다. 이렇게 미국 뉴욕, 워싱턴을 시작으로 LA를 거쳐 일본 도쿄에서도 공연을 가졌다. 이는 한국적 전통의 정체성을 지닌 독무 중심의 최초 해외공연으로 기록된다.

1982년에는 〈공간 전통예술의 밤〉에서 진쇠춤, 태평무, 승무를 추었고, 〈민속예술 큰잔치〉에서 진쇠춤, 검무, 태평무를 췄다. 또한 〈김명수 전통무용〉에서는 태평무를 직접 무대에 올렸다. 이듬해인 1983년에는 〈명무전〉에서 진쇠춤을 췄다.

이 공연 직후인 6월에 중요무형문화재 제79호 발탈의 예능보유자로 지정되었다. 이 결정으로 전통춤의 원형을 간직한 자신의 춤이 정당한 평가를 받지 못하고 널리 알려지지 않아 제자들마저 줄어들게 되었다고 안타깝게 생각했다.

이후 매년 〈발탈 및 전통무용 발표회〉와 각종 명무전에도 출연하며 공연을 활발하게 이어갔다. 80대를 넘기면서도 마지막이 된 1994년 〈조선조 마지막 광대 운학 이동안 발탈, 전통무용공연〉까지 한 해도 거르지 않고 무대에 올랐다. 그리고 여든아홉이 되던 1995년 6월 20일 10여 년 동안 앓아오던 천식을 이기지 못하고 수원에서 영면해, 충남 천안시 목천면 풍산공원묘지에 묻혔다. 화성 재인청의 마지막 맥을 잇는 재인, 진정한 춤꾼으로서의 생애였다.

"해마다 기력은 쇠잔해가고 있지만 죽더라도 무대 위에서 죽는다는 마음으로 꼬박꼬박 공연을 해왔고, 사실 무대에만 나가면 아픈 것도 다 잊고 신명이 살아 올랐다. 이제 남은 생애 마지막이자 유일한 소원이라면 한평생 추어온 내 춤을 한 번이라도 더 무대에 올려 많은 관객에게 알리고 싶고, 성실하고 재주 있는 제자를 하나라도 더 보는 것뿐이다."

– 1992년 채록에서

이동안
춤의

특징과
전수법.

한국춤은 자연 조화다. 삶의 조건을 저절로 실어온 소리에서 소리로, 몸에서 몸으로 이어져 내려온 민족혼의 기억이 살아 숨 쉬는 춤이다. 노동에서 몸짓이, 우주로부터 소리가 나와서 몸짓과 소리가 서로 어우러지는, 땅과 하늘의 섭리를 본받아 표현해온 것이 바로 한국춤이다.

춤의 도구는 몸이다. 춤꾼의 몸 구조를 경주 불국사에 있는 석가탑과 다보탑에 비유하기도 한다. 사람 몸이 5층 석가탑이라면, 아래에 있는 발목이 1층이요, 정강이가 2층, 무릎이 3층, 허리가 4층, 목과 머리까지 해서 모두 5층이 된다. 또한 팔의 골절이 여섯 마디니 두 팔을 위로 올리면 5층 석가탑에 여섯 층을 더한 11층 다보탑이 된다. 이 의미는 몸의 중심이 가장 중요한 기초가 되고 춤의 근본이 되기 때문에 발 떼고 걸을 때 탑이 움직이듯 중심을 잡고 무겁게 디뎌야 한다는 뜻이다.

한국춤은 허공에서 나풀대는 춤이 아니다. 땅 위에 두 발을 굳건하게 딛고 그 땅을 애무하고 저정거리고 푹 젖었다가 다시 밟아나가는 대지의 춤이다. 또한 한국춤은 일정한 구조의 축적 속에서 단절되거나 꺾어지는 직선의 춤이 아니라 전체적인 흐름 가운데 자유롭게 이어지고 휘어지는 곡선의 춤이다. 몸짓 하나하나를 나눌 수 없는 대신 온몸으로 던지는 통일과 상생 조화의 춤이다. 격렬한 가운데 여백의 힘이 깃들고 험난한 삶의 고통을 넉넉하게 먹어버리는 화해의 춤이기도 하다.

한국춤은 제자리에서 숨을 들이마시고 내쉬고, 발을 떼고 디디면서 걸어가며 저정거리고 나뭇가지가 흔들리듯 팔놀림을 하며 숨을 먹어가며 신명에 젖어 저절로 추어지는 춤사위가 특징이다. 발을 내딛는 것조차 엄청난 기술이 필요하다.

이동안은 조선의 일상에서 추던 한국춤을 전문 춤꾼에게 체계적으로 가르친 재인청의 춤을 고스란히 이어받았다. 그리고 무엇보다도 한국춤의 장단을 완벽하게 소화시켜 그 정점에 있었던 인물이다.

이동안의 춤은 곧 재인청 춤이다. 민속춤은 물론 정재와 무속무, 작법, 한량무와 기방무 등을 한데 아울렀으며, 재인청의 분야별 전문가의 높은 안목으로 재창조된 춤이다. 재인청 춤은 장단과 춤이 절묘하게 어울려 한몸이 되는 춤, 어떤 춤사위도 단단한 균형이 있어 나풀대지 않고 흐름이 도도한 춤, 또한 고도의 기교가 필요한 춤사위들을 잇대어 물 흐르듯 자연스럽게 추는 춤이다.

이동안이 보유한 화성 재인청 춤은 기본무, 태평무, 진쇠춤 ,승무, 살풀이, 장고무, 엇중모리 신칼대신무, 검무, 한량무, 성진무, 화랑무, 도살풀이, 남방무, 선인무, 팔박무, 승전무, 노장무, 소고무, 희극무, 아전무, 바라춤, 나비

춤, 장검무, 신로심불로, 입춤, 오봉산무, 학무, 신선무, 하인무, 춘앵무, 하선무, 서선무, 화서무 등 서른세 종류가 있다.

이동안은 "한국춤은 첫째로 장단을 잘 알아야 하며, 가볍게 추거나 쓸데없이 돌거나 춤사위를 인위적으로 꾸며서는 절대로 안 되고, 자연스럽게 추어야 하며 또한 무겁게 추어야 한다"고 늘 말했다. 또한 '장단'과 '장단'이 이어지면서 '한배'를 이루는데 그 장단과 장단 사이에는 반드시 태풍의 '눈'이 박히게 마련이라고 강조했다. 또한 어떤 마음으로 발을 옮기느냐 하는 마음공부가 가장 중요하다고 말했다.

이렇게 장단과 춤이 절묘하게 어울려 하나가 되어 있다는 점과 어떤 춤사위도 균형이 잡혀 있어 춤의 흐름이 도도하다는 점, 그리고 춤사위 하나하나가 고도의 기교가 필요한데도 전체적으로 너무도 자연스러워 보인다는 점이 이동안 춤의 특징이다.

· 다양하고 탄탄한 장단에 기초한다. 장단에 대한 해박한 지식과 깊은 조예는 재인청 계열의 춤을 형성한 재인청의 조직에서 비롯된다.

· 장단을 소상히 기억하고 있어 그 춤 장단에 의한 종목별 춤을 비교적 정확히 재구성하고 있다. 또한 권번의 춤 선생을 거쳤기 때문에 여성 취향의 성격이 가미되기도 했지만, 춤만 춘 게 아니라 잽이로서도 탁월했기 때문에 본디의 춤 장단의 급격한 변질을 막을 수 있었을 것이다.

· 장단에 얽매이지 않고, 마루채 개념에 민감하며, 춤사위에 있어서도 대삼소삼大三小三을 염두에 두고 있기 때문에 안정감이 있다.

· 엄격한 틀에다 끌어 맞춰 정형화시킨 것이 아니며 전체적으로 정적이고 꾸밈이 없다. 그래서 고도의 기교를 요하는 어떠한 춤사위도 유연하면서도 꽉 찬 춤집을 만들어 낸다.

· 춤집에 있어서 역학적인 안배가 잘 되어 있고 다양한 몸짓을 느낄 수가 있다. 여러 가지 춤 이외에도 가창과 기악, 줄타기 등 다재다능한 기예를 가지고 있었기에 가능했을 것이다. 특히 그가 어릴 때부터 익혀오던 줄타기에서 영향을 받은 것으로 보인다.

이렇게 이동안의 춤은 기민성과 역동성과 함께 그에 못지않은 중량감 있는 여유와 여백이 함께하고 있다. 그의 춤은 재인청 춤의 실상을 추정해 볼 수 있는 거의 마지막 자료다. 또한 한국춤의 본래 성격인 남성적인 진취성을 잘 간직하고 있는 표본이기도 하다.

이동안의 춤 전수법은 독특하다. 반드시 한복에 버선을 신고 준비해야 장구채를 잡고 가르치기 시작한다. 녹음 음악을 사용하지 않고 구음으로, 장구 장단에 맞춰 춤 장단을 먼저 익히기 한 후에 발 떼고 팔 드는 법을 가르친다. 특히 구음의 중요성을 강조하며 구음소리에 춤이 저절로 무르익는다고 했다. 미숙한 춤을 보고는 "발도 못 떼는 주제에 손을 나풀댄다"고 못마땅해했다. 그리고 어항 속의 금붕어가 노닐듯이 자연스럽게 물 흐르듯 춰야 한다고 했다. 도대체 춤은 언제 나오냐고 질문하면 "옷이 맞다면 춤은 저절로 나온다"고 했다.

발디딤은 구름 위를 걷듯 출렁이면서도 살얼음도 깨뜨리지 않을 정도로 사뿐사뿐 걸어가며 들숨, 날숨, 호흡을 함께한다. 팔놀림은 펼치고 뿌려서 거둬들이듯 춤사위가 단순하면서도 법도가 있고 질서정연하다.

한국춤은 무릎에서 나온다고 했다. 오금을 죽이는 무릎은 몸의 악기이고 호흡이며 춤이 저절로 살아나오는 숨통이며 무릎을 어떻게 수련하느냐에 따라 춤의 이면, 그늘이 나온다는 뜻이다.

이동안
춤의

유래.

기본무

재인청의 기본무는 130여 년에 걸쳐 김인호, 이동안으로 내려온 한국춤의 표본이고 보물이다. 한국춤의 정신이 되는 음양오행을 기초로 발디딤, 팔놀림의 춤사위와 호흡이 하나로 이어지면서 자연스럽게 춤사위를 익힐 수 있는 소중한 문화유산이기도 하다. 이 기본무를 1981년 이동안이 김명수에게 전수했다.

기본 수련으로, 마음을 모아서 발 떼고 발디딤하는 법과 팔 들고 팔놀림하는 법 등 기초 춤사위를 익히는 교본이다. 처음에 장단을 먹은 다음 무릎에 오금을 죽이고 살리며 호흡하다가 두 발을 가지런히 모아 발뒤꿈치를 붙이고 두 팔은 뒷짐을 진다. 장단에 맞춰 발디딤으로 오금을 죽이고 호흡은 들이마시고 내쉬며 앞으로 네 장단, 발 떼고 걸어가고 뒤로 네 장단, 물러가면서 발

딤한다. 그리고 팔놀림 춤사위를 붙여서 반복한 뒤에 기본무인 타령춤과 굿거리춤으로 나아간다.

기본무는 춤사위 마디마디 하나하나가 정확하게 장단에 맞춰 분류되어 있으며 갑작스런 춤사위의 변화 없이 물 흐르듯 자연스럽다. 춤사위가 끝나면 장단에 맞춰 그 춤사위와 이어지는 춤사위가 마치 얘기를 주고받듯 이어지는 어름새는 재인청 기본무만의 매력이다. 여백이 있는 동시에 역동성도 갖추고 있어서 춤사위가 긴장감을 잃지 않도록 구성되어 있다.

타령춤에서는 두 팔을 수평으로 펼치는 사위, 앞으로 내미는 사위, 두 팔 교체하는 사위, 도는 사위, 앉는 사위 등이 나오며, 굿거리춤은 앉아서 시작해서 앞, 뒤, 옆을 가리지 않고 여러 방향을 돌면서 춤사위를 한다. 두 팔 올리는 사위, 팔 바꾸는 사위, 비정비팔 사위, 팔박 사위, 건너가는 사위 등 춤사위가 단순하고 아름답다.

춤복으로 소박한 저고리와 치마, 버선을 신는다. 장단은 타령-굿거리로 변한다.

태평무

본래는 왕국의 태평성대를 기원하는 제의 중에 임금 앞에서 추는 춤이다. 국가 경축일에 무당이 왕과 왕비를 위해서 호화로운 왕실 옷을 입고 국가의 번영을 상징하는 춤을 춘 것이다. 따라서 고도로 정형화된 이 춤은 제한된 공간 안에서 추어졌다. 또한 춤사위와 장단은 무속적, 민속적 기원을 가지고 있다. 김인호가 이동안에게 전승한 재인청의 태평무는 춤 장단이 무속적 성격을 갖고 있으면서 궁이나 관아에서도 활용할 수 있는 내용으로 되어 있다. 이동안은 1981년 김명수에게 이 춤을 전수했다.

태평무의 춤사위는 춤꾼의 다양한 발디딤과 세밀한 팔놀림을 강조한다. 담백하면서도 무겁고 몸의 중심이 바위같이 단단히 자리 잡고 있는 듯하면서도 자유롭다. 하체에서 나오는 힘이나 기가 팔, 손끝, 한삼을 거쳐 무한으로 뻗어나가면서 춤사위가 하나로 움직이는 한삼놀이 테크닉이 어렵고 까다롭다. 발디딤은 땅과 하나의 호흡을 이루는 듯하며 허공에 떠 있지 않고 안정되게 잘 자리잡음과 동시에 자유로운 춤사위다. 또한 무표정하면서도 위엄 있는 표정이 마치 의식을 거행하는 제관 같은 절제 속의 깊은 멋을 풍긴다.

춤사위는 장단이 변화할 때마다 제자리에서 빙글 도는 사위 또는 뱅글 도는 사위를 반복하며, 팔을 여미는 겨드랑 사위를 하거나 어깨에 얹는 사위를 반복하는 것이 특징이다. 붓글씨 쓰듯 한삼을 놀려주며 장단이 고조되는 올림채 장단에서는 장구 장단에 맞추어 쳐다보면 춤꾼의 마음도 맥박과 같이 뛴다. 현존하는 한국춤 중에 가장 장단변화가 많다.

춤복으로 남색 관복에 바지저고리를 입는다. 무구는 관모, 각대, 목화, 망건, 탕관, 한삼을 착용한다. 장단은 낙궁-부정놀이채-반서림-엇중모리-올림채-돌림채-터벌림채-넘김채-자진 굿거리로 변한다.

승무

승무의 유래로는 여러 설이 있다. 그 중에서도 영산재의 나비춤복과 비슷하고, 법고의 당악 가락으로 미루어볼 때 불교적 기원을 추측해 볼 수 있다. 하지만 승무의 춤사위는 한국에 불교가 전해지기 훨씬 전부터 굿 제의 속에 존재해왔다. 또한 탈춤, 민속춤과 제의 무속춤에서 자주 언급되는 용어가 승무에도 사용된 것으로 볼 때 그 유래는 민중문화의 기반인 무속이었을 것으로 추측한다.

재인청 승무는 북 장단을 두드린 후에 장삼과 고깔을 고이 벗어 북틀 위에 올려놓고 마무리하는 춤사위가 특색이다. 이 춤을 1982년 이동안이 김명수에게 전수했다.

원래 승무는 절이나 사원의 작은 손님용 사랑방에서 추어졌다. 승무는 불교의 승려가 세속적인 유혹을 접하고 맞서는 이야기를 다룬다. 이 세속적인 유혹의 의미는 무대 우측의 목조틀에 놓인 법고라는 큰 북으로 형상화된다. 처음에는 세속에서 번민하는 듯한 춤사위를 보여주다가 차츰 세속을 벗어나 해탈의 경지에 이르는 춤사위로 발전한다. 엎고 제치고 뿌리는 장삼의 춤사위가 비밀스럽게 허공에서 공간적 균형과 조화, 파격과 부활을 보여준다. 긴장된 고요함과 육감적인 춤사위가 번갈아 나오면서 긴 장삼자락이 공기를 달래듯 물결치며 흐른다. 치맛자락 사이로 섬세하게 드러나는 버선발의 디딤새가 아름답다. 생동감 넘치는 북소리와 최대한 응축된 춤사위가 삶과 죽음, 세속과 성속을 드나드는 춤꾼의 고뇌와 희망을 꽃피우듯 풀어낸다.

춤복으로 남색 치마에 노랑 저고리를 입고 그 위에 하얀 장삼을 덧입고, 붉은 가사를 어깨에 두르고 하얀 고깔을 쓴다. 재인청 승무는 회색 바지저고리에 하얀 장삼을 덧입고 붉은 가사를 어깨에 두르고 하얀 고깔을 쓴다. 장단은 염불-도도리-타령-굿거리-북(굿거리 · 당악)-살풀이로 변한다.

진쇠춤

재인청 재인들이 궁중 연회장에서 추던 춤이다. 나라에 경사가 있을 때 궁궐에서 만조백관이 모여 향연을 베풀고, 왕은 각 지방의 원님을 불러 춤추게 했다. 팔도 원님들이 왕 앞에서 꽹과리를 들고 춤추는 모습이 보기 좋아 그 후 '진사들이 쇠를 들고 추는 춤'이라는 말에서 유래되었다고 전한다. 또한 진쇠

장단에 맞춰 두드리며 추는 춤이라서 진쇠춤이라 불렀다. 이동안이 1982년 김명수에게 전수한 춤이다.

춤꾼의 춤사위는 매우 품격 있고 정제되어 있으며 예술적으로 화려하다. 태평무와 비슷한 발디딤과 팔놀림의 춤사위로 이루어져 있으며 춤 장단도 거의 흡사하다. 진쇠춤에서 꽹과리채를 휘두르는 춤사위는 뿌리는 사위, 던지는 사위, 제치는 사위, 얹어서 도는 사위, 밀어서 던지는 사위, 감아치기 사위, 오금치기 사위 등 다양하다.

춤꾼이 직접 꽹과리와 꽹과리채를 들고 연주하면서 진쇠춤을 추기 때문에 장단을 배우는 데 있어서 고도의 테크닉이 필요하다. 진쇠춤의 꽹과리 소리는 무속 장단이며 서민적이고 신명이 나고 품위 있다. 오방색으로 장식한 꽹과리채로 장단을 치면서 신명나게 춘다.

춤복으로 원님의 관복인 구군복을 입고 꽹과리채를 든다. 꽹과리채에 오방색 끈을 늘어트리고, 목화를 신는다. 장단은 부정놀이채-반서림-반서림 모리-올림채 모리-돌림채 모리-진쇠-엇마치기-터벌림채-자진 굿거리로 변한다.

살풀이

아리랑과 더불어 우리 민족 정서를 대표하는 춤이다. 살은 막힌 정기, 풀이는 풀어서 놓아 보내는 것을 뜻한다. '살'이란 인간을 비롯한 삼라만상에 끼어 있다고 믿는, 독하고 모진 해치는 기운을 말한다. 살이 끼는 건 좋지 않기 때문에 그것을 몰아내는 굿도 하면서 춤과 음악이 생겨났다. 살을 푸는 굿을 살풀이굿 또는 액풀이굿이라고 한다.

지역마다 춤사위와 장단의 특색이 조금씩 다른 형태를 보이는 살풀이는 주로 중부나 남부 지방에서 유래된 것으로 춘다. 살풀이는 슬픔이 바탕이 되어 그것을 승화시키는 인간 본연의 감정을 표현한 춤이며, 하얀 명주 수건을 휘날리며 정·중·동 미의 극치를 이루는 예술성이 높은 춤이다. 춤꾼은 살풀이를 추면서 과거의 살은 풀어서 놓아 보내고, 앞으로 딛고 나아가야 할 터전을 단단히 하는 의미도 있다. 재인청 살풀이는 이동안이 1982년 김명수에게 전수했다.

재인청 살풀이는 처음에 살풀이 수건 한 장으로 추다가 잦은 살풀이에서 다른 수건을 저고리 소매에서 꺼내 두 장으로 추는 게 여느 살풀이와 다르다. 삼현육각의 반주에 구음이 따르기도 한다. 살풀이 장단은 3박, 4박으로 12/8의 일정한 가락을 이루고 있다. 이러한 음악을 장구, 가야금, 피리, 아쟁, 대금, 해금 이렇게 삼현육각으로 연주하면 시나위라 불린다.

춤복으로 하얀 치마저고리에 자주 고름을 맨다. 장단은 살풀이-살풀이 모리-늦은 굿거리-굿거리-자진 굿거리로 변한다.

엇중모리 신칼대신무

이동안의 구술에 의하면, 옛적에 부왕이 아파서 죽음에 이르니 공주가 슬퍼서 하얀 지전을 단 신칼을 들고 잡귀가 침범하지 못하게 하기 위해 추는 춤이다. 아버지가 가시는 저승길에 잡귀를 막고 그 길을 닦는 등 명복을 빌기 위해서다. 삶의 회환을 표현한 춤으로 슬픈 가락에 한이 서려 있다.

광무대 시절에 스승인 김인호의 춤을 보고 이동안이 재구성한 이 춤은 몇십 년 공백기가 있다가 1982년 김명수가 전수받아 무대에 다시 올렸다. 그 이후 한국춤 레퍼토리로 공연이 올려졌고, 국립무용단, 시립무용단이 군무 형태로 창작하기도 했다.

경기도 화성 지역에서 신칼을 상징하는 두 대의 신우대 양끝에 하얀 창호지로 길게 지전을 잘라 묶어 두 손에 신칼을 들고 춤을 춘다. 엇중모리 장단에 맞춰 추기 때문에 엇중모리 신칼대신무라 한다. 슬픈 구음 가락이 깃든 한 서린 춤이자, 무속적인 색채가 짙은 춤으로 이동안만의 독특하고 정적인 면이 돋보인다.

특히 호흡을 먹는 춤사위가 특징이다. 신칼을 어깨에 걸치고 애절하게 내딛는 발디딤새와 온몸으로 하는 깊은 호흡, 잦은 팔놀림 그리고 허공을 향해 던지고 받아들인다. 이러한 신칼을 통해 액과 재난을 소멸하고자 사방을 향해 뿌리는 춤사위가 매우 상징적이다. 구음에 맞춰 삼현육각이 반주한다.

춤복으로 하얀 당의에 하얀 족두리. 무구는 긴 대나무 두 대에 한지를 묶는다. 장단은 중모리-엇중모리-동살풀이-자진모리로 변한다.

검무

활달하고 전투적인 칼춤에서 연희적 성격이 우세하게 재구성된, 근대에 정립된 검무의 하나다. 《동경잡기》 풍속도를 보면, 신라시대 황창랑이란 소년이 백제로 건너가 백제왕 앞에서 검무를 추다가 그 칼로 백제왕을 살해하고 백제인에게 처형당했다. 신라인이 이를 슬피 여겨 소년의 영혼을 위로하기 위해 소년의 얼굴을 닮은 가면을 쓰고 칼춤을 추던 것이 전해졌다. 검무가 가면무로 시작된 것이고, 죽은 소년의 영혼을 위로하려고 했다는 사실로 보아 부락제나 당굿에서 무당이 영혼을 달래거나 귀신을 쫓아내기 위해 추었을 가능성도 있다.

단순히 칼을 들고 전쟁이나 전투 장면을 표현했다기보다는 영혼을 위한 주술적인 기능을 가진 춤이다. 또한 어떻게 궁중춤으로 변화되었는지는 불분명

하나 고려 때까지 동자가면을 쓰고 추던 황창랑 검무가 조선초 처용무와 함께 연출되었고, 조선 후기 숙종대에 와서는 가면도 사라지면서 춤사위가 부드럽고 아름답게 변화된다. 또한 춤꾼의 숫자도 《정재홀기》에는 4인무로 기록되어 있고, 영조대에 와서 2인무로 줄었다. 순조 때까지도 긴 칼을 사용했으나 1900년대 와서 목이 들어가는 칼을 사용했다. 재인청 김인호의 춤을 이동안이 1982년 김명수에게 전수했다.

방석돌이는 춤꾼이 두 손을 관객 쪽으로 뻗어 아래위로 움직이는 춤사위를 말한다. 손사위 움직임에서는 춤꾼이 두 팔을 옆으로 펼친 후 장단에 맞춰 손목을 들었다가 떨어뜨린다. 연풍대 돌기는 춤꾼이 등을 둥글게 하고 큰 원으로 돌아가는데 춤꾼은 시선을 사선 방향으로 돌리고, 한 발에서 다른 발로 무겁게 내디딘다.

춤복으로 남색 치마, 노랑 저고리, 검정 궤자, 홍색 전대를 입고 철릭을 쓴다. 무구는 칼 두 자루다. 장단은 허튼타령-자진타령으로 변한다.

장고무

이동안의 구술에 의하면, 상심한 임금을 달래기 위해 공주가 장구를 둘러메고 춘 춤이다. 풍물의 장구놀이에서 유래했다. 일제의 문화말살정책으로 전통춤은 극장 공간을 제외하고는 공연이 불가능하게 되자 김인호가 광무대에서 극장무대에 맞게 재구성해 이동안에게 전수한 춤이다.

1937년쯤 이동안이 최승희에게 전수하고, 설장고 등장 이후 그 맥을 잃어가다 1983년 다시 김명수에게 전수해 44년 만에 무대에 올려졌다. 그리고 1983년 이후는 무대에 올려진 적이 없는 귀중한 문화유산이다. 한편 최승희가 안무와 주연을 맡은, 1956년 창작무용극 영화 〈사도성의 이야기〉에 이동안의 장고무를 최승희(당시 45세)가 추는 장면을 확인할 수 있었다.

단순하고 단아한 춤사위에 멋들어지고 절제된 춤사위가 이 춤의 특징이다. 춤꾼이 원형의 무대를 휘모리 장단으로 큰 원을 돌면서 나온다. 장구채만 사용하고 궁편은 손바닥으로 장단을 맞춰 춤사위를 한다. 채편은 엇바꿔치며 춤사위를 하는 것이 장고무의 멋이다. 장구를 왼쪽 어깨에 헐렁하게 비껴 메고, 춤꾼의 몸에 붙었다 떨어졌다 하며 추는 춤사위는 마치 사람이 말을 주고 받는 듯 하다.

춤복으로 남색 치마와 하얀 저고리에 허리띠를 맨다. 무구는 홍장구와 장구채. 장단은 휘모리-늦은 굿거리-자진 굿거리로 변한다.

춤사위

용어와
형태.

춤사위 용어

발 떼는 사위 한 발을 땅에서 떼는 사위

옮기는 사위 한 발을 옮기는 사위

다리를 드는 사위 한쪽 무릎을 든 사위

도는 사위 두 발을 제자리에서 도는 사위

뱅글 도는 사위 두 발에 오금을 죽이고 제자리에서 한 장단에 빠르게 도는
     사위

빙글 도는 사위 두 발에 오금을 죽이고 제자리에서 천천히 도는 사위

공 그리는 사위 두 발에 오금을 죽이고 원을 그리는 사위

차는 사위 오금을 죽이면서 무릎을 옆으로 차며 내미는 사위

옆 사위 한 발을 옆으로 옮기는 사위, 또는 옆으로 뛰는 사위

뛰는 사위   제자리에서 뛰거나 다름질하는 사위

오금 죽이는 사위   무릎을 굽혀 죽이는 사위

꼬아 도는 사위   제자리에서 오금을 죽이고 두 발을 꼬아 도는 사위

완자걸이 사위   실을 엮듯이 두 발을 엮으며 앞 또는 옆으로 빠른 걸음으로
완자무늬처럼 걸어가는 사위

엇붙임 사위   완자거리보다 움직임이 늦으며 장단 사이로 걸어나가는 사위

대받침 사위   춤사위를 반복하여 오금을 죽이고 춤을 연결시키는 사위

대마디 걸음 사위   상체의 움직임 없이 오금을 죽이고 걸어 나가는 사위

무릎 굽혀앉기 사위   오금을 죽이고 무릎을 굽히며 장단에 맞춰 앉는 사위

저정거리기 사위   오금을 죽이며 장단에 맞춰 걸어가는 사위

까치 걸음 사위   까치가 걸어가듯 발 앞꿈치로 빠르게 걸어가는 사위

비디딤 사위   한 발을 앞 또는 옆으로 가볍게 올려내리는 듯이 디디면서 발을
붙이는 사위

잉어걸이 사위   무대를 넓게 돌아다닐 때 추는 발디딤법. 장단과 장단 사이
발을 바꾸어 걸어 다니는 지그재그형 사위

비정비팔 사위   정丁자나 팔八자 모양으로 발을 힘차게 딛는 사위

안가랑 사위   한 발을 뒤쪽으로 살며시 튕겨서 무릎이 올라가며 오금을
죽이는 사위

방가 사위   제자리에서 한 발을 앞으로 딛고 몸의 중심을 앞에서 뒤로 절구질
하듯이 옮기는 사위

깨금 사위   한 발을 들고 오금을 죽이며 제자리에서 뛰는 사위

모듬 발 뛰는 사위   두 발을 모으고 오금을 죽여서 뛰는 사위

엇붙임 빙글 사위   두 발로 큰 원을 그리며 오금을 죽여서 장단 사이로 천천히

도는 사위

무릎 굽혀 차는 사위　한 발을 조금 들어 무릎 굽혀 오금을 죽이며 차는 사위

반달 그리는 사위　한 발을 들어 반달을 그리듯이 돌려 제자리 또는 옆으로
　　옮기는 사위

들어 도는 사위　한쪽 다리의 무릎을 들어 제자리에서 조금씩 도는 사위

오금치기 사위　두 발을 교대로 뛰고 구르면서 무릎을 차는 사위

감아치기 사위　한쪽 다리 무릎을 들어 감아치는 사위

여닫이 사위　발이 열리면 몸이 열리고 발이 닫히면 몸이 닫히는 사위

홑사위　한 번 추는 사위

겹사위　같은 사위를 두 번 추는 사위

뿌리는 사위　두 팔로 뿌리는 사위

감는 사위　한삼을 뿌리기 전 감는 사위

놓는 사위　힘 빼고 팔을 놓는 사위

뿌리면서 지숫는 사위　왼팔은 허리에 대고 오른팔은 앞으로 던지며 지숫는
　　사위

푸는 사위　감았다 풀어내는 사위

얹는 사위　팔꿈치를 꺾어 어깨에 얹는 사위

젖히는 사위　팔을 어깨 위로 올려 뒤로 젖히는 사위

짚는 사위　손을 허리에 짚는 사위

수평으로 펼치는 사위　두 팔을 수평으로 들어 제치는 사위

앞으로 내미는 사위　팔을 곡선으로 내미는 사위

두 팔 교체하는 사위　두 팔을 위, 아래로 바꾸는 사위

두 팔 올리는 사위   두 팔을 같이 들어 올리는 사위

팔 바꾸는 사위   한 팔을 위, 아래 또는 좌우로 바꾸는 사위

사랑 사위   옆구리로 돌려 감는 사위

팔 올리기 사위   한 팔 또는 두 팔을 서서히 펴 올리는 사위

팔 내리기 사위   한 팔 또는 두 팔을 위에서 밑으로 내리는 사위

비스듬히 펴기 사위   한 팔 또는 두 팔을 위 또는 밑으로 비스듬히 펴는 사위

던지는 뿌리기 사위   한삼을 앞이나 옆으로 던져서 뿌리는 사위

감고 풀며 뿌리기 사위   한 손은 감고 다른 손은 풀면서 뿌리는 사위

팔 휘둘리기 사위   머리 위에 올린 한 팔을 밖으로 휘둘려 공그리듯 원을
      그리는 사위

걸치기 사위   한 팔을 어깨 위에 걸치고 다른 팔은 허리에 끼는 사위

활개펴기 사위   두 팔을 허리 뒤로 밀어내면서 펼치듯이 춤사위를 연결하는
      사위

끼는 사위   한 손을 겨드랑 밑에 끼는 사위

모으는 사위   두 팔이나 한 손을 옆에서 몸 앞으로 모으는 사위

뛰며 공 그리는 사위   뛰며 머리 위에 원을 그리는 사위

휘젓는 사위   두 팔을 머리 위로 뿌리거나 두 팔을 옆으로 뿌리며 휘젓는
      사위

제치는 사위   굽힌 한 팔을 소라형으로 돌려 뻗는 사위

좌우치기 사위   두 팔을 위 아래로 감고 뿌리면서 좌우로 왔다갔다 하는 사위

사방치기 사위   동서남북 사방에서 각기 좌우치기 하는 사위

꼬아서 뿌리기 사위   한삼을 꼬아서 던져 뿌리는 사위

감아서 뿌리기 사위   두 팔을 감아서 비비듯이 뿌리는 사위

돌려서 뿌리기 사위　공을 그리듯 팔꿈치를 꺾어 좌우로 돌려서 뿌리는 사위

던지는 사위　전신을 던지듯이 옮기는 사위

먹는 사위　몸이 장단을 타지 않고 정지된 듯한 상태에서 마음으로 장단을 먹는 듯하는 사위

지숫는 사위　정지된 듯한 상태에서 약간씩 얼르는 사위

보는 사위　한 손을 앞이나 옆으로 올리고 움직임에 따라 시선을 집중시키는 사위

넝쿨 사위　발디딤과 팔놀림을 엉클어지게 좌우로 저으면서 이동하는 사위

호령조 사위　춤사위보다는 굳은 듯한 상황에서 꾸짖는 표현의 사위

흔들 사위　움직이지 않는 자세인 듯 하면서도 마음의 흔들림을 표현하려는 사위

바람 사위　두 팔을 위로 올려 허공에 바람을 일으키려는 시늉의 사위

저정거리는 사위　장단 사이사이로 멋 부리며 움직이는 사위

몰아내는 사위　무엇을 몰아내듯이 두 팔로 밀고 나가는 사위

구름 사위　춤꾼 자신이 뭉게구름인 듯 장단 사이사이로 저정거리며 이동하는 사위

목 젖놀이 사위　전신으로 표현하는 과정에서 얻어진 호흡에 따라 힘을 뺀 목에 나타나는 순간적인 미동의 섬세한 사위

몸통 비틀기 사위　한 팔은 들며 가슴을 폈다가 힘을 빼면서 몸을 비트는 사위

몸 돌리기 사위　몸이 돌아가는 쪽으로 살짝 틀어 도는 사위

학체 사위　두 팔로 한삼을 뒤에서 위로 올리며 학이 날개를 펴는 듯한 사위

절하는 사위　두 발을 모아 오금을 살짝 죽인 후 두 팔은 위로 올려 허리를

굽혀 절하는 사위

엎어서 도는 사위　한쪽 다리 무릎은 들어서 오금을 죽이고 한 팔에 한삼을
엎어서 제자리에서 장단에 맞춰 도는 사위

밀어서 던지는 사위　오른발은 앞으로 내딛으며 왼발은 끌어서 붙이고 왼손은
허리에 대고 오른팔은 머리 위에서 앞으로 던지는 사위

뿌리면서 지숫는 사위　두 팔로 뿌리면서 온몸으로 어르는 듯 지숫는 사위

멍석말이 사위　몸통을 돌다보면 팔놀림이 감기는 사위

춤사위 형태

• 촬영일시 1982년 소극장 공간사랑
• 사진촬영 조성위, 〈공간〉 사진작가
• 태평무 춤사위 실연 이동안

제치는 사위

뿌리는 사위

던지는 사위

절하는 사위

들어오는 사위

얹어서 도는 사위

지숫는 사위

밀어서 던지는 사위

사방치기 사위

뿌리면서 지숫는 사위

오금치기 사위

감아치기 사위

좌우치기 사위

김명수식
춤 표기법

Kim Myungsoo
Dance Notation.

장단이름과 장단수　장구 장단이 변화하는 장단이름과 장단수 그리고
마루채를 기록했다.

서양악보　원박에서 엇붙이는 장구 장단까지 채보했으며 빠르기표는
메트로놈에 의해 기록했다.

(채편) 오른손
(북편) 왼손

춤사위와 춤길방향　이동안 선생의 구술에 의해 춤사위 형태와 용어의 순간을
포착해 사진 촬영했다. 춤길방향은 춤꾼이 무대 공간에서 어느 쪽 방향으로
춤길의 선을 그리는지를 표기했다.

발디딤　하체의 춤사위다. 발 떼고 무릎을 꺾어 디디며 다리를 옮기는
춤사위를 기록했다.

팔놀림 상체의 춤사위다. 팔 들고 팔꿈치를 움직여 손끝 표정의 춤사위를 기록했다.

정간보와 구음 이동안의 장구 장단을 기초로 정간보와 구음을 채보했다.

장구 구음			
기호	구음	타법	음표
◑	떵, 덩, 더	오른손 열채로 채편을 치고 왼손 궁글채로 궁편을 동시에 친다.	
		딱, 따, 다, 덕	오른손 열채로 채편을 친다.	
○	쿵, 궁, 구	왼손 궁글채로 궁편을 친다.	
....	따르르르, 더르르르	오른손 열채로 채편을 가볍게 굴려서 여러 번 친다.	
·	다	오른손 열채로 채편을 순간적으로 끊어서 약하게 친다.	
●	구	왼손 궁글채로 궁편을 순간적으로 끊어서 약하게 친다.	
ⅰ	끼닥, 기닥	오른손 열채로 채편을 짧게 약하게 치고 곧이어 빠르게 곱으로 세게 한 번 친다.	
◉	구궁	왼손 궁글채로 궁편을 짧게 약하게 치고 곧이어 빠르게 겹궁으로 세게 한 번 친다.	
◉	구구궁	왼손 궁글채로 궁편을 굴리며 순간적으로 여러 번 친다.	

장구 장단 연주 이동안 1982년
정간보와 구음 채보 김명수
서양악보 강준일 표기/ 강인원 사보
춤사위 사진 김명수
사진 촬영 조성위, 〈공간〉 사진작가
촬영 일시 1982년, 서울 운니동 실험소극장

재인청.기본무.무보.

타령 1장단

◑					·	◑		¡		
덩			딱		다	덩		기닥		

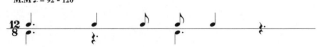

M.M ♩. = 92 - 120

온몸에 힘을 빼고 마음을 가다듬으며 두 발을 모은다.

두 팔을 자연스럽게 내린다.

타령 2장단

⊕		I	·	⊕		i	
덩		딱	다	덩		기닥	

두 발을 모은채 오금을 죽이고 펴고 죽인다. 이 춤사위를 반복한다.

두 팔을 옆으로 약간 들어서 오른팔은 앞으로 여미고 왼팔은 뒤로
여민다. 이 춤사위를 반대로 반복한다.

타령 3장단

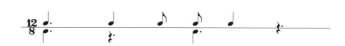

⦰		I	·	⦰		ǐ	
덩		딱	다	덩		기닥	

오른발을 비껴 앞으로 내디디고 오금을 펴고 죽이기를 반복하면서
바위를 밀듯이 중심을 옮긴다.

두 팔을 비껴 어깨높이로 들고 오른팔은 그대로 둔 채로
왼팔을 머리 위에 굽혀 놓는다.

타령 4장단

ⓘ		Ⅰ	·	ⓘ		ⅰ	
덩		딱	다	덩		기닥	

오른발을 비껴 앞으로 내디딘 자세에서 오금을 펴고 죽이기를
반복하며 바위를 끌듯이 중심을 옮긴다.

오른팔은 머리 위로 들어 굽혀 놓고 왼손은 머리 위에서 펴서
어깨높이에 놓는다.

장단이름과 장단수	**타령 5장단**						

정간보와 구음	Ⓘ		I	·	Ⓘ	i	
	덩		딱	다	덩	기닥	

서양악보	

춤사위와 춤길방향	

발디딤	두 발 오금을 죽이며 몸의 중심을 오른발에 놓고 다시 폈다가 오금을 죽이며 중심을 왼발에 놓는다.

팔놀림	오른팔은 머리 위에서 어깨높이로 펴 내리면서 왼팔은 머리 위에 굽혀 올려 놓는다. (반대로 반복한다)

타령 6장단

⏀	Ⅰ	○	○	⏀		Ⅰ	
덩	따	쿵	쿵	덩		따	

앞의 춤사위를 반복하고 오른발을 끌어서 오금을 죽이며
왼발에 붙인다.

앞의 춤사위를 반복하고 오른팔을 몸 앞으로 공그려서
어깨높이로 폈다가 두 팔을 자연스럽게 내린다.

타령 7장단

⦀		❘	○		○	⦀			❘		
덩		따	쿵		쿵	덩			따		

두 발 오금을 폈다가 다시 죽인다.

오른팔을 천천히 어깨높이로 든다.

타령 8장단

⑪	I	O	O	⑪		I	
덩	따	쿵	쿵	덩		따	

오른발을 앞으로 내디디며 오금을 죽이고 몸의 중심을 앞으로 하고
다시 폈다가 몸의 중심을 뒤에 놓는다.

앞의 춤사위에서 오른팔을 엎어 앞으로 내리고 제쳐서
어깨높이로 든다.

타령 9장단

⑩			¡	l	○	⑩		l	
덩			기닥	딱	쿵	덩		따	

서양악보

춤사위와
춤길방향

발디딤

앞의 춤사위 자세에서 오금을 죽였다 폈다 하다가 오른발을
왼발에 모은다.

팔놀림

오른손을 어깨높이에서 엎어 내렸다가 제쳐 올렸다가
다시 엎어 자연스럽게 내린다.

타령 10장단

ⓞ			↓	❘	○	ⓞ		❘	
덩			기닥	딱	쿵	덩		따	

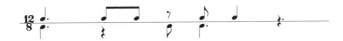

오른발을 앞으로 내디디며 왼발을 끌어다 다리를 모으고 무릎을
굽혀 오금을 죽였다 폈다 죽인다.

두 팔을 천천히 어깨높이로 든다.

타령 11장단

⑩			ǐ	l	○	⑩		l	
딩			기닥	딱	쿵	딩		따	

왼발을 앞으로 내디디며 오른발을 끌어다 모으고 오금을 죽였다가
폈다 죽인다.

두 팔을 든 자세에서 오른팔 뒤로 여미고 왼팔은 머리 위에
얹었다가 오른팔 어깨높이로 올리고 왼팔은 내린다.

타령 12장단

①			ⅰ	l	○	①		l	
덩			기닥	따	쿵	덩		따	

오른발을 내디디며 왼발 끌어 모으고 무릎을 굽혀 오금을 죽인다.
이 춤사위를 왼발부터 반복한다.

앞의 춤사위 형태에서 왼팔을 앞으로 여미고 뒤로 여민다.

타령 13장단

⊕		ⅰ	Ⅰ	○	⊕		Ⅰ	
덩		기닥	딱	쿵	덩		따	

오른발 왼발 오른발 왼발의 순서로 내디디며 무릎을 굽혀 오금을
약간씩 죽였다 폈다 한다.

앞의 춤사위 형태에서 오른팔 머리 위로 올리고 왼팔은 허리
뒤로 여민다. 이 춤사위를 왼팔부터 다시 한다.

타령 14장단

①		ⅰ	ᴵ	○	①		ᴵ	
덩		기닥	딱	쿵	덩		따	

오른발을 내디뎌 오금을 죽이고 시계 반대방향으로 반 바퀴 돌면서
왼발의 오금을 죽이며 모 없이 가볍게 돈다.

앞의 춤사위 형태에서 오른팔은 어깨높이로 내리고 왼팔은 머리
위에 얹는다. 이 춤사위를 반대로 다시 한다.

타령 15장단

Ⓓ			ㅣ	ㅣ	○	Ⓓ			ㅣ		
덩			기닥	딱	쿵	덩			따		

앞의 춤사위 형태에서 오른발을 내디뎌 오금을 폈다 죽여 몸의
중심을 오른발 왼발의 순서로 두고 바위를 밀듯이 중심을 옮긴다.

앞의 춤사위와 팔놀림이 같다.

타령 16장단

⏀			ⅰ	❘	○	⏀		❘	
덩			기닥	딱	쿵	덩		따	

앞의 춤사위와 발디딤이 같으며 바위를 끌듯이 중심을 옮긴다.

앞의 춤사위와 팔놀림이 같다.

타령 17장단

◑			┊	│	○	◑		│		
덩			기닥	딱	쿵	덩		따		

앞의 춤사위를 다시 하고 오른발을 왼발에 끌어 모으며 오금을
죽인다.

앞의 춤사위를 다시 하고 두 팔을 머리 위에 공그리고
오른팔은 뒤로 왼팔은 앞으로 여민다.

타령 18장단

⊕		ⅰ	ⅼ	〇	⊕		ⅼ	
딩		기다	딱	쿵	딩		따	

두 발을 펴서 왼발 앞으로 들며 오른발 오금을 죽이고 왼발 들어
오른발에 모으면서 오금을 폈다 죽인다.

두 팔을 어깨높이로 들어서 오른팔은 내려 앞으로 여미고 왼팔을
올려 머리 위에 얹었다가 오른팔은 어깨 위 왼팔은 뒤로 놓는다.

장단이름과 장단수	**타령 19장단**

**정간보와
구음**

①		i	①		｜○	①			｜	
덩		기닥	덩		따쿵	덩			딱	

서양악보

**춤사위와
춤길방향**

발디딤

오른발을 내디디며 왼발을 끌어 모으면서 오금을 죽인다.

(반대로 반복한다)

팔놀림

앞의 춤사위에서 오른팔은 허리 뒤에 놓고 왼팔은 어깨
위에 올려 놓는다. (반대로 반복한다)

타령 20장단

①		i	①		①①	①						
덩		기닥	덩		따쿵	덩			따		

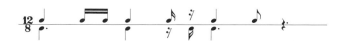

앞의 춤사위와 발디딤이 같다.

앞의 춤사위 형태에서 오른팔 내려 뒤로 뿌리고 왼팔은 앞으로
어깨높이로 든다. (반대로 반복한다) 오른팔은 허리에 여미고 왼팔을
어깨 위에 놓는다. (반대로 반복한다)

타령 21장단

⊕		ｉ	⊕		〇 ⊕				
덩		기닥	덩		따쿵 덩			딱	

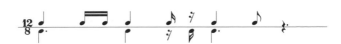

오른발을 비껴 내디디며 오금을 죽이고 왼발은 앞으로 들어 오금을
폈다 죽인다.

앞의 춤사위 형태에서 오른팔 어깨높이로 내리고 왼팔은 어깨높이로
든다. 다시 오른팔은 내려서 앞으로 여미고 왼팔은 머리 위로
올린다.

타령 22장단

⏀	i̇	⏀	l○	⏀		l	
덩	기닥	덩	따쿵	덩		딱	

왼발을 내려 오른발에 모으며 오금을 죽이고 시계방향으로 살짝
틀며 오른발을 앞으로 든다.

오른팔은 들어서 어깨 위에 얹고 왼팔은 허리 뒤로 내려 놓는다.

타령 23장단

I	O	O	I	O		I	
따	쿵	쿵	따	쿵		따	

오른발을 뒤로 내디디며 왼발을 끌어 모은다. (반대로 반복한다)

오른팔은 내려서 허리 뒤에 놓고 왼팔은 올려서 어깨 위에 얹는다.
(반대로 반복한다)

타령 24장단

I	O		O		I	O			I		
딱	쿵		쿵		따	쿵			딱		

오른발 뒤로 내딛고 왼발 뒤로 내딛다가 스르르 종종걸음 치고 두 발
모아 오금을 죽인다.

오른팔은 내려 허리 뒤에 놓고 왼팔은 어깨높이로 앞으로 든다.
(반대로 반복한다) 두 팔을 살짝 옆으로 들었다가 살포시 내린다.

장단이름과 장단수	**타령 25장단**

정간보와
구음

I	O		O	I	O			I		
따	쿵		쿵	따	쿵			따		

서양악보

춤사위와
춤길방향

●

발디딤

두 발의 오금을 천천히 펴며 오른발을 앞으로 들면서 왼발의 오금을
죽인다.

팔놀림

두 팔을 들고 숨 들이쉬며 어깨높이로 올린다.

장단이름과
장단수

정간보와
구음

서양악보

춤사위와
춤길방향

발디딤

팔놀림

타령 26장단

⓪					○	○			i		
덩			따	따	쿵	쿵			기닥		

오른발을 비껴 내디디며 왼발을 끌어서 모으고 두 발의 오금을
죽인다. (반대로 반복한다)

앞의 춤사위 형태에서 오른팔은 앞에서 공그려 내려 허리 뒤로
여미고 왼팔은 내려 앞으로 여민다. (반대로 반복한다)

타령 27장단

⓪			I	I	O	O		i	
덩			딱	딱	쿵	쿵		기닥	

앞의 춤사위를 하다가 오금을 펴며 오른발을 내디디고 시계방향으로
반 바퀴 틀면서 두 발 모아 뒤로 물러가다가 무릎을 굽히고 처음
시작한 자리에 선다.

오른팔 올려 앞에서 공그리고 왼팔은 살포시 어깨높이로 들면서
두 팔을 뒤로 제치며 머리 위로 들어서 앞으로 읍조린다.

굿거리 장단 계속

굿거리 1장단

ㄸ		ㅣ	ㄸ		••••
덩		기닥	덩		더르르르

M.M ♩. = 72 - 82

이 춤사위 형태로 마음으로 한 장단을 먹는다.

이 춤사위 형태로 마음으로 한 장단을 먹는다.

O		ⅰ	O		••••
쿵		기닥	쿵		더르르르

서서히 두 무릎을 펴며 일어서서 오금을 죽인다.

서서히 일어서며 두 팔을 자연스럽게 머리 위로 얹는다.

굿거리 2장단

⏀		i	⏀		••••
덩		기닥	덩		더르르르

오금을 펴며 오른발을 앞으로 약간 든다.

두 손바닥을 위로 제쳐서 어깨높이 정도 옆으로 내린다.

O		i	O		••••
쿵		기닥	쿵		더르르르

천천히 오른발을 내며 왼발에 모으며 오금을 죽인다.

두 팔을 옆으로 살포시 내린다.

굿거리 3장단

⊕		i	⊕		••••
덩		기닥	덩		더르르르

오금을 펴고 장단을 먹은 다음 오른발을 약간 앞으로 들면서 왼발의
오금을 죽인다.

오른팔을 천천히 옆으로 들어 머리 위로 굽혀 손을 얹는다.

○		┃	○		••••
쿵		기닥	쿵		더르르르

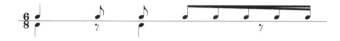

오금을 펴며 오른발을 왼발에 모으고 장단을 먹은 다음 왼발을 든다.

왼팔을 천천히 옆으로 들어 머리 위에 굽혀 얹는다.

굿거리 4장단

⏀	○			⏀		••••
덩			딱	덩		더르르르

오금을 펴며 왼발을 오른발에 모으고 다시 오금을 죽인다.

두 손바닥을 위로 제쳐서 두 팔을 옆으로 살포시 내린다.

O	I	I	O		••••
쿵	따	딱	쿵		더르르르

오른발을 비껴 앞으로 내디디고 오금을 펴고 죽이기를 반복하며
바위를 밀듯이 중심을 옮긴다.

두 팔을 비껴 어깨높이로 들고 오른팔은 그대로 둔 채 왼팔을 머리
위로 굽혀 놓는다.

장단이름과 장단수	굿거리 5장단				

굿거리 5장단

정간보와 구음					

①		I	①		••••
덩		딱	덩		더르르르

서양악보

춤사위와
춤길방향

●

발디딤

오른발을 비껴 앞으로 내디딘 자세에서 오금을 펴고 죽이기를
반복하며 바위를 밀듯이 중심을 옮긴다.

팔놀림

왼팔은 머리 위에서 펴서 어깨높이에 놓고 오른팔은 머리 위로
들어 굽혀 놓는다.

O	I	I	O		••••
쿵	따	딱	쿵		더르르르

두 발 오금을 죽이며 몸의 중심을 오른발에 놓고 다시 폈다가 오금을
죽이며 중심을 왼발에 놓는다.

오른팔은 머리 위에서 어깨높이로 펴 내리면서 왼팔은 머리 위에
굽혀 올려 놓는다. (반대로 반복한다)

굿거리 6장단

⏀	·	l	⏀		••••
덩	다	닥	덩		더르르르

앞의 춤사위를 반복하고 오른발을 끌어서 왼발에 붙인다.

앞의 춤사위를 반복하고 오른팔을 몸 앞으로 공그려서
어깨높이로 폈다가 두 팔을 자연스럽게 내린다.

O	⋮	l	O		••••
쿵	기닥	따	쿵		더르르르

오른발을 앞으로 내디디며 왼발을 끌어다 모으고 오금을 죽였다
폈다 죽인다.

오른팔은 앞으로 비껴 어깨높이로 들고 왼팔은 옆으로 들어 머리
위에 올려 놓는다.

굿거리 7장단

⏀	·	ǀ	⏀		••••
덩	다	닥	덩		더르르르

왼발을 앞으로 내디디며 오른발을 끌어다 모으고 오금을 죽였다
폈다 죽인다. 오금을 죽였을 때 저정거린다.

앞의 춤사위 형태에서 좌우로 몸으로 약간씩 장단을 먹는다.

○	i	l	○		••••
쿵	기닥	따	쿵		더르르르

오른발 내디디며 왼발 모으고 오금을 죽인다. 이 춤사위를 왼발부터 반복한다.

앞의 춤사위 형태에서 약간씩 몸으로 장단을 먹는다.

굿거리 8장단

⏀	·	∣	⏀		••••
덩	다	닥	덩		더르르르

오른발 왼발 오른발 왼발의 순서로 내디디며 오금을 약간씩 죽였다
폈다를 반복한다.

앞의 춤사위를 하다가 오른팔은 앞에서 궁그려 내려 허리 뒤로
여미고 왼팔은 내려 앞으로 여민다.

O	i	l	O		••••
쿵	기닥	따	쿵		더르르르

오른발을 앞으로 약간 내 들며 오금을 펴기 시작한다.

이 춤사위 형태에서 천천히 두 팔을 어깨높이로 들기 시작한다.

굿거리 9장단

⏀	·	l	⏀		••••
덩	다	닥	덩		더르르르

앞의 춤사위 형태에서 오금을 완전히 폈다가 다시 죽인다.

앞의 춤사위 형태에서 어깨높이까지 든다.

장단이름과
장단수

정간보와
구음

서양악보

춤사위와
춤길방향

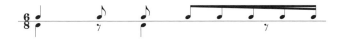

O	i	l	O	••••
쿵	기닥	따	쿵	더르르르

앞의 춤사위 형태에서 오금을 폈다 죽이기를 반복한다.

앞의 춤사위 형태에서 오른팔을 들어 머리 위에 올려 놓는다.

굿거리 10장단

⏀	·	l	⏀		••••
덩	다	닥	덩		더르르르

앞의 춤사위와 발디딤이 같다.

앞의 춤사위 형태에서 오른팔을 엎어 어깨높이로 내리고 왼팔은
제쳐 머리 위에 올려 놓는다.

○	i	l	○		••••
쿵	기닥	따	쿵		더르르르

앞의 춤사위 형태와 발디딤이 같다.

앞의 춤사위 형태의 팔놀림을 반복한다.

굿거리 11장단

①	· l	l	①		••••
덩	다 딱	딱	덩		더르르르

앞의 춤사위를 하다가 오른발을 왼발에 모으며 오금을 죽인다.

오른팔부터 얼굴 앞 높이로 두 팔 모았다가 큰 반원을 그려 머리
위로 뿌리고 살며시 옆으로 내린다. 힘을 뺀 상태에서 손을
순간적으로 뿌리친다.

○	·	I	○		••••
쿵	다	닥	쿵		더르르르

오른발 왼발 오른발을 비껴 내딛는데 오금을 죽였다 펴다가 왼발을
들어 오른발에 모으며 오금을 죽인다.

두 팔을 어깨높이로 들어 장단을 먹고 나서 오른팔은 위에서 공그려
내려 허리 뒤로 여미고 왼팔은 내려 앞으로 여민다.

굿거리 12장단

⊕	· l	l	⊕		••••
덩	다 딱	딱	덩		더르르르

오금을 펴며 왼발을 앞으로 들어 다시 오금을 죽이며 뒤로 내디디며
오른발을 뒤로 끌어 왼발에 모으며 오금을 죽인다.

오른팔은 살짝 들고 왼팔은 머리 위로 올려 공그리다가 오른팔은
머리 위로 올려놓고 왼팔은 내려 허리 뒤로 놓는다.

○	·	ǀ	○		••••
쿵	다	닥	쿵		더르르르

오른발을 뒤로 내디디며 왼발을 뒤로 끌어 모으면서 오금을 죽인다.
(반대로 반복한다)

앞의 춤사위 형태에서 오른팔은 허리 뒤에 놓고 왼손은 어깨 위에
올려 놓는다. (반대로 반복한다)

굿거리 13장단

⏀	· |	|	⏀		••••
덩	다 딱	딱	덩		더르르르

오금을 죽이고 펴며 오른발 왼발의 순서로 뒷걸음친다.

왼팔은 앞으로 어깨높이로 들고 오른팔은 내려 뒤로 뿌리기를
반대로 반복하다가 머리 위에서 두 팔을 엎었다 제쳤다 한다.

O	·	I	O		••••
쿵	다	닥	쿵		더르르르

오른발 왼발의 순서로 뒤로 내딛다가 두 발 모아서 뒷굼치를 들었다
내리며 오금을 죽인다.

앞의 춤사위를 하다가 두 팔을 머리 위에서 시계방향으로 공그려
오른팔은 앞으로 여미고 왼팔은 뒤로 여민다.

장단이름과
장단수

굿거리 14장단

정간보와
구음

⦶	· ǀ	ǀ	⦶		••••
덩	다 딱	딱	덩		더르르르

서양악보

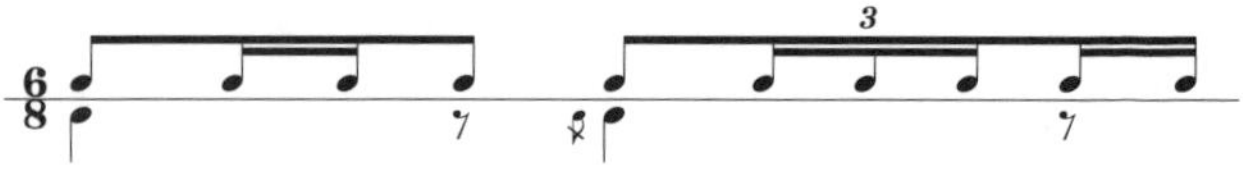

춤사위와
춤길방향

발디딤

오른발을 비껴 내디디며 오금을 죽이고 시계방향으로 한 바퀴
돌면서 두 발을 모아 오금을 죽인다.

팔놀림

앞의 춤사위 형태에서 오른팔은 앞에서 공그려 내려 앞으로
여미고 왼팔은 내려 허리 뒤로 여민다.

장단이름과
장단수

정간보와
구음

서양악보

춤사위와
춤길방향

발디딤

팔놀림

O	·	I	O		••••
쿵	다	닥	쿵		더르르르

오른발을 비껴 앞으로 내디디고 오금을 펴고 죽이기를 반복한다.
바위를 밀듯이 중심을 옮긴다.

두 팔을 비껴 어깨높이로 들고 오른팔은 그대로 둔 채 왼팔을 머리
위에 굽혀 놓는다.

굿거리 15장단

Ⓓ	i	l	Ⓓ		••••
덩	기닥	딱	덩		더르르르

앞의 춤사위 형태와 같다. 바위를 밀듯이 중심을 옮긴다.

오른팔은 내려 앞으로 여미고 왼팔은 머리 위에서 펴서 내리며 허리
뒤로 여민다.

○		I	○		••••
쿵		딱	쿵		더르르르

앞의 춤사위 형태와 발디딤이 같다.

앞의 춤사위를 반복해서 팔놀림을 이어서 한다.

굿거리 16장단

①	i	l	①		••••
덩	기닥	딱	덩		더르르르

앞의 춤사위를 하다가 오른발을 왼발에 끌어모아 오금을 죽인다.

두 팔을 머리 위에 엎었다 제쳤다 하다가 시계방향으로 공그리고
옆으로 살포시 내린다.

O		I	O		••••
쿵		딱	쿵		더르르르

오른발 왼발 오른발의 순으로 들어 내딛다가 왼발을 앞에 놓으며
두 발 오금을 죽인다. 학이 날 듯 나풀대다가 살포시 앉는다.

두 팔로 학사위를 하다가 손바닥을 위로 향해 가슴 앞에 모았다가
내리며 뒤로 제쳐 머리 위로 올렸다가 내리며 오른팔은 허리 뒤로
왼팔은 앞으로 여민다.

굿거리 17장단

장단이름과
장단수

정간보와
구음

⏀	i	l	⏀		••••
덩	기닥	딱	덩		더르르르

서양악보

춤사위와
춤길방향

●

발디딤

오른발을 앞으로 약간 내딛으며 오금을 죽 펴기 시작한다.

팔놀림

이 춤사위 형태에서 천천히 두 팔을 어깨높이로 들기 시작한다.

O		I	O		••••
쿵		딱	쿵		더르르르

앞의 춤사위 형태에서 오금을 완전히 폈다가 다시 죽인다.

앞의 춤사위 형태에서 어깨높이까지 든다.

| 장단이름과
장단수 | 굿거리 18장단 | | | | |

굿거리 18장단

정간보와 구음					
⏀		|	⏀		••••
덩		닥	덩		더르르르

서양악보

**춤사위와
춤길방향**

●

발디딤

앞의 춤사위 형태에서 오금을 폈다 죽이기를 반복한다.

팔놀림

앞의 춤사위 형태에서 오른팔을 들어 머리 위에 올려 놓는다.

O	i	·	O		••••
쿵	기닥	다	쿵		더르르르

앞의 춤사위 형태와 발디딤이 같다.

앞의 춤사위 형태에서 오른팔을 엎어 어깨높이로 내리고 왼팔은
제쳐 머리 위에 올려 놓는다.

굿거리 19장단

⏀		I	⏀		••••
덩		닥	덩		더르르르

앞의 춤사위 형태와 발디딤이 같다.

앞의 춤사위 팔놀림을 반복한다.

○	i	·	○		••••
쿵	기닥	다	쿵		더르르르

앞의 춤사위로 추다가 오른발을 왼발에 모으며 오금을 죽인다.

오른팔부터 얼굴 앞 높이로 두 팔을 모았다가 큰 반원을 그려 머리
위로 뿌리고는 살며시 옆으로 내린다.

굿거리 20장단

①	①		①		••••
덩		닥	덩		더르르르

오른발 왼발 오른발을 비껴 내딛는데 오금을 죽였다 펴다가
왼발에서 들어 오른발에 모으며 오금을 죽인다.

두 팔을 어깨높이로 들어 장단을 먹고 나서 오른팔은 위에서 공그려
내려 허리 뒤로 여미고 왼팔은 내려 앞으로 여민다.

ⓘ		I	ⓘ		••••
덩		닥	덩		더르르르

왼발 오른발 왼발을 비껴 내딛는데 오금을 죽였다 펴다가
오른발에서 들어 왼발에 모으며 오금을 죽인다.

두 팔을 어깨높이로 들어 장단을 먹고 나서 왼팔은 위에서 공그려
내려 허리 뒤로 여미고 오른팔은 내려 앞으로 여민다.

장단이름과 장단수	굿거리 21장단			

정간보와 구음				

⏀			⏀	••••
덩			덩	더르르르

서양악보

**춤사위와
춤길방향**

발디딤

오른발 왼발 순서로 비껴 내딛는데 오금을 죽였다 폈다 하기를
반복한다.

팔놀림

두 팔을 어깨높이로 들어 장단을 먹는다.

○		○		••••
쿵		쿵		더르르르

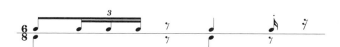

앞의 춤사위 형태와 발디딤이 같다.

앞의 춤사위를 하다가 오른팔은 위에서 공그려 내려 허리 뒤로
여미고 왼팔은 내려 앞으로 여민다.

굿거리 22장단

①			①		••••
덩			덩		더르르르

서양악보

발디딤

오른발 왼발을 비껴 내디디며 오금을 폈다 죽이기를 반복한다.

팔놀림

두 팔로 몸 앞에서 시계방향으로 크게 공그리기를 반복한다.
몸의 중심을 사선으로 물 흐르듯 옮긴다.

○		○		••••
쿵		쿵		더르르르

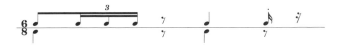

오금을 폈다 죽이며 왼발을 앞으로 내들었다가 오른발에 내려
모으며 오금을 죽인다.

두 팔을 머리 위로 들었다가 어깨 위에 얹고 제쳐서 머리 위로
들었다가 옆으로 내린다.

굿거리 23장단

①			①		••••
딩			딩		더르르르

오른발 왼발 오른발을 비껴 내딛는데 오금을 죽였다 펴다가
왼발에서 들어 오른발에 모으며 오금을 죽인다.

오른팔을 어깨높이로 들어 장단을 먹고 나서 오른팔은 위에서
공그려 내려 허리 뒤로 여미고 왼팔은 내려 앞으로 여민다.

O	i	·	O	
쿵	기닥	다	쿵	더르르르

오금을 펴며 왼발을 들어 앞으로 내디디며 시계 반대방향으로
반 바퀴 돌고는 오른발을 왼발에 모아 오금을 죽인다.

왼팔은 머리 위로 올려 공그리다 옆으로 내리고 오른팔은 살짝
들었다 내리는데 시계 반대방향으로 반 바퀴 돈다.

장단이름과 장단수	굿거리 24장단				

정간보와 구음	ⓓ		ⓓ		••••
	덩		덩		더르르르

서양악보

춤사위와
춤길방향

발디딤	오른발 왼발의 순서로 종종걸음으로 앞으로 가다가 두 발 모아 오금을 죽인다.

팔놀림	두 팔을 몸 앞에서 제쳤다 엎으면서 옆으로 살포시 내린다.

○			○		••••
쿵			쿵		더르르르

오금을 폈다 죽이며 왼발을 앞으로 내들었다가 오른발에 내려
모으며 오금을 죽인다.

두 팔을 머리 위로 들었다가 어깨 위로 얹고 제쳐서 머리 위로
들었다가 옆으로 내린다.

굿거리 25장단

①		┆	①		••••
덩		기덕	덩		더르르르

오른발 왼발 오른발을 비껴 내딛는데 오금을 죽였다 펴다가
왼발에서 들어 오른발에 모으며 오금을 죽인다.

두 팔을 어깨높이로 들어 장단을 먹고 나서 오른팔은 위에서 공그려
내려 허리 뒤로 여미고 왼팔은 내려 앞으로 여민다.

ǀ ǀ	O	ｉ	O		••••
따 다	다	기덕	쿵		더르르르

왼발 오른발을 비껴 내디디며 오금을 폈다 죽이기를 반복한다.
몸의 중심은 사선으로 물 흐르듯 옮긴다.

두 팔로 몸 앞에서 크게 시계 반대방향으로 공그리기를 반복한다.

굿거리 26장단

①		ⅰ	①		••••
덩		기덕	덩		더르르르

오금을 폈다 죽이며 왼발을 앞으로 내들었다가 오른발에 내려
모으며 오금을 죽인다.

두 팔을 머리 위로 들었다가 어깨 위로 얹고 제쳐서 머리 위로
들었다가 옆으로 내린다.

l l	O	i	O		••••
따 다	다	기덕	쿵		더르르르

오른발 왼발 오른발을 비껴 내딛는데 오금을 죽였다 펴다가
왼발에서 들어 오른발에 모으며 오금을 죽인다.

오른팔을 어깨높이로 들어 장단을 먹고 나서 오른팔은 위에서
공그려 내려 허리 뒤로 여미고 왼팔은 내려 앞으로 여민다.

마무리 1장단

⊕	·	Ⅰ	Ⅰ	○	⊙	┆	Ⅰ
덩	다	딱	따	쿵	구궁	기닥	딱

오금을 펴며 오른발을 내딛고 시계방향으로 반 바퀴 틀면서 두 발
모아 뒤로 물러가다가 무릎을 굽힌다.

오른팔 올려 앞에서 공그리고 왼팔을 살포시 어깨높이로 들면
두 팔을 뒤로 제치며 머리 위로 들어서 앞으로 숙여 읍조린다.

#

장구 장단 연주 이동안 1982년
정간보와 구음 채보 김명수
서양악보 강준일 표기/ 강인원 사보
춤사위 사진 김명수
사진 촬영 조성위, 〈공간〉 사진작가
촬영 일시 1982년, 서울 운니동 실험소극장

재인청.태평무.무보.

낙궁 1장단

⫶		⫶		⫶		••••	
덩		덩		덩		더르르르	

M.M ♩. = 48

춤판을 향해 오른발 왼발의 순서로 내디디며 두 발을 모으면서
무겁게 걸어나간다.

두 팔을 옆으로 내린다.

낙궁 2장단

⑩		⑩		⑩		••••	
덩		덩		덩		더르르르	

앞의 춤사위와 발디딤이 같다.

앞의 춤사위 형태와 팔놀림이 같다.

낙궁 3장단

⏀		⏀		⏀		••••	
덩		덩		덩		더르르르	

춤판 중앙을 향해 오른발 왼발의 순서로 내디디며 두 발을 모은다.

두 팔을 옆으로 내린 채로 등장하다가 두 팔을 뒤로 엎으면서 앞으로
한삼을 위로 높이 뿌려 춤사위를 크게 하다가 내리며 절한다.

이음새

①
덩

$\frac{3}{8}$

절하고 선 형태에서 마음을 가다듬는다.

절하고 선 형태에서 장단을 먹는다.

부정놀이채 1장단

①	○	●	①	○	●	①	○	●	①	Ⅰ	
덩	쿵	구	덩	쿵	구	덩	쿵	구	덩	딱	

M.M ♩. = 84 - 100

오른발을 들어서 오른쪽에 내디디며 왼발을 끌어 모은다.

(반대로 반복한다)

오른팔을 머리 위로 들어 공그려서 뿌리며 동시에 왼팔을 살짝 들어
두 팔을 함께 제치며 한삼을 옆으로 뿌린다. (반대로 반복한다)

부정놀이채 2장단

❶	○	ꜞ	ꜞ	·	ꜞ	❶	ꜞ	○
덩	쿵	기닥	기닥	다	딱	구궁	따	쿵

오른발을 들면서 내딛고 왼발을 들면서 내딛기를 반복한다.

오른팔을 머리 위로 공그리고 동시에 어깨높이로 든 왼팔에 한삼을
걸친다.

부정놀이채 3장단(1마루채)

I ·	O	I	I	O		I	O	｜	I	◎		｜
딱 다	쿵	따	딱	쿵		따	쿵		기닥	따	구궁	기닥

오른발을 들면서 내딛고 왼발을 들면서 내딛고 오른발을 들었다
내디디면서 왼발을 끌어 모은다. 옆으로 한삼을 크게 뿌린다.

앞의 춤사위를 하다가 오른팔을 머리 위로 들어 공그리며 동시에
왼팔을 살짝 들어 두 팔 함께 제치며 옆으로 뿌린다.

부정놀이채 4장단

⏀	○	●	⏀	○	●	⏀	○	●	⏀		
덩	쿵	구	덩	쿵	구	덩	쿵	구	덩	딱	

왼발을 들면서 내딛고 오른발을 들면서 내딛기를 반복한다.

왼팔을 머리 위로 공그리며 동시에 어깨높이로 든 오른팔에 한삼을
걸친다.

부정놀이채 5장단

⑪	○	i	i	·	l	◉	l	○
덩	쿵	기닥	기닥	다	딱	구궁	따	쿵

왼발을 들면서 내딛고 오른발을 들면서 내딛고 왼발을 들었다
내디디면서 오른발을 끌어 모은다.

앞의 춤사위를 하다가 왼팔을 머리 위로 들어 공그리며 동시에
오른팔을 살짝 들어 두 팔 함께 제치며 옆으로 뿌린다.

부정놀이채 6장단(2마루채)

I	·	O	I	I	O		I	O		ｉ	I	◎		ｉ
딱	다	쿵	따	딱	쿵		따	쿵		기닥	따	구궁		기닥

오른발을 들면서 내디디고 왼발을 들면서 내딛기를 반복한다.

두 팔을 살짝 들어 오른팔은 머리 위로 공그리고 왼팔은 머리 위로
뿌려 어깨높이에 두고 다시 오른팔을 머리 위에 공그리며 동시에
두 팔을 제쳐 옆으로 뿌린다.

147

부정놀이채 7장단

ⲫ	◯	●	ⲫ	◯	●	ⲫ	◯	●	ⲫ		│	
딩	쿵	구	덩	쿵	구	덩	쿵	구	덩		딱	

왼발을 들면서 내딛고 오른발을 들면서 내딛기를 반복한다.

두 팔을 살짝 들어 왼팔은 머리 위에 공그리고 오른팔은 머리 위로
뿌려 어깨높이에 두고 다시 왼팔을 머리 위에 공그리며 동시에
두 팔을 제쳐 옆으로 뿌린다.

부정놀이채 8장단

⓪	○	i	i	·	l	⊙	l	○
딩	쿵	기닥	기닥	다	딱	구궁	따	쿵

오른발을 들면서 내딛고 왼발을 들면서 내딛기를 반복한다.

두 팔을 살짝 들어 왼팔은 앞으로 오른팔은 뒤로 여민다. 다시
두 팔을 어깨높이로 든다. 왼팔은 머리 위로 들어 어깨에 얹고
오른팔은 내려서 앞 뒤 앞의 순서로 여미고 호흡을 들여 마시며
두 손을 놓는다.

부정놀이채 9장단(3마루채)

I	·	○	I	I	○		I	○		i	I	◎		i	
딱	다	쿵	따	딱	쿵		따	쿵		기닥	따	구궁		기닥	

오른발을 돌면서 내딛고 왼발을 들면서 내디디기를 반복한다.

앞의 춤사위 형태로 추다가 마지막 형태에서 오른팔을 뒤, 앞, 뒤로
여미고 나서 오른팔은 앞으로 던지고 왼팔은 내리며 뒤로 뿌린다.

부정놀이채 10장단

①	○	●	①	○	●	①	○	●	①		l
덩	쿵	구	덩	쿵	구	덩	쿵	구	덩		딱

오른발을 들면서 내딛고 왼발을 들면서 내딛기를 반복한다.

왼팔은 앞 오른팔은 뒤로 뿌리고 오른팔 앞 왼팔 뒤 다시 왼팔 앞
오른팔 뒤로 뿌리고 살짝 두 팔을 옆으로 내렸다 들면서 두 팔을
옆으로 크게 뿌린다.

부정놀이채 11장단

ⵀ	◯	i	i	·	l	ⵁ	l	◯
덩	쿵	기닥	기닥	다	딱	구궁	따	쿵

왼발 들면서 내딛고 오른발 들면서 내딛기를 반복한다.

두 팔을 살짝 들어 왼팔은 머리 위로 공그리고 오른팔은 머리 위로
뿌려 어깨높이에 두고 다시 왼팔은 머리 위에 공그리며 동시에
두 팔을 제쳐 옆으로 뿌린다.

부정놀이채 12장단(4마루채)

ㅣ	·	○	ㅣ	ㅣ	○		ㅣ	○	ㅑ	ㅣ	ㅣ	◐		ㅑ	
따	다	쿵	따	따	쿵		따	쿵		기닥	따	구궁		기닥	

오른발 들면서 내딛고 왼발 들면서 내딛기를 반복한다.

두 팔을 살짝 들어 오른팔은 머리 위로 공그리고 왼팔은 머리 위로
뿌려 어깨높이에 두고 다시 오른팔은 머리 위에 공그리며 동시에
두 팔을 옆으로 뿌린다.

부정놀이채 13장단

①	○	●	①	○	●	①	○	●	①	Ⅰ	
덩	쿵	구	덩	쿵	구	덩	쿵	구	덩	따	

서양악보

발디딤

오른발을 들면서 내디디며 두 발을 잔걸음으로 나아가 두 발 모으며
오금을 죽인다.

팔놀림

두 팔을 살짝 들어 오른팔은 머리 위에 공그려 내리면서 두 팔 함께
뒤로 제쳐 위로 뿌려 앞으로 숙이며 절한다.

부정놀이채 14장단

ⓔ	○	i	i	·	l	⦿	l	○
덩	쿵	기닥	기닥	다	딱	구궁	따	쿵

왼발을 들면서 내디디며 두 발을 잔걸음으로 나아가 두 발 모으며
오금을 죽인다.

두 팔을 살짝 들어 왼팔은 머리 위에 공그려 내리면서 두 팔 함께
뒤로 제쳐 위로 뿌려 앞으로 숙이며 절한다.

부정놀이채 15장단(5마루채)

Ⅰ	·	◯	Ⅰ	Ⅰ	◯		Ⅰ	◯		i	Ⅰ	◎		i	
딱	다	쿵	따	딱	쿵		따	쿵		기닥	따	구궁		기닥	

오른발을 들면서 내딛고 왼발을 들면서 내딛고 오른발을 들었다
내디디면서 왼발을 끌어 모은다. (반대로 반복한다)
마무리에서 호흡을 순간적으로 마셨다 내쉰다.

두 팔을 살짝 들어 오른팔은 머리 위에 공그리고 왼팔은 머리 위로
뿌려 어깨높이에 두고 다시 오른팔을 머리 위에 공그리며 동시에
두 팔을 제쳐 옆으로 뿌린다. (반대로 반복한다)

반서림 장단 계속

반서림 1장단

⏀	⏀	⏀	⏀i	‖	⊙○	○	⏀	○i	‖
덩	덩	덩	덩기닥	딱따	구궁쿵	쿵	덩	쿵기닥	딱따

M.M ♩. = 96 - 120

앞의 춤사위로 추다가 마지막 춤사위에서 오른발 왼발로 몸의
중심을 옮긴다. 시선은 앞으로 멀리.

앞의 춤사위로 추다가 마지막 춤사위에서 오른발 왼발로 몸의
중심을 옮긴다.

반서림 2장단

ⓘ		|	ⓘi	||	◎◎	◯	i	◯i	||
덩		딱	덩기닥	딱 따	구궁쿵	쿵	기닥	쿵기닥	딱 따

앞의 춤사위 형태에서 온몸으로 장단을 먹으며 지순다.

앞의 춤사위 형태와 팔놀림이 같다.

반서림 3장단

①	①	①	①i	‖	⊙○	○	①	○i	‖
덩	덩	덩	덩기닥	딱 따	구궁쿵	쿵	덩	쿵기닥	딱 따

서양악보

춤사위와
춤길방향

발디딤

오른발을 내디디고 나서 왼발을 끌어서 오른발에 모은다.
이 춤사위를 다시 한번 반복한다.

팔놀림

왼팔은 자연스럽게 밑으로 내리고 오른팔은 어깨 위로 들어서
앞으로 밀면서 뻗어 내린다. 이 춤사위를 다시 반복한다. 한삼을
멀리 뿌린다.

반서림 4장단

⑪				⑪i	||	◎◎	○	i	⑪i	||
덩		딱	덩기닥	딱따	구궁쿵	쿵	기닥	쿵기닥	딱따

오른발을 장단에 맞추어 조금씩 앞으로 내딛고 왼발을 끌어서
오른발에 붙인다. 마지막에는 오른발은 내딛고 왼발은 살짝 들어
앞에 놓는다.

왼팔은 자연스럽게 내리고 오른팔은 앞에서 빠른 호흡으로 공그리고
나서 뒤로 여미면서 왼팔은 앞으로 여민다.

반서림 5장단

⓪			⓪i	||	⓪⊙	⊙	i	⓪i	||
덩		딱	덩기닥	딱따	구궁쿵	쿵	기닥	쿵기닥	딱따

오른발을 들면서 내딛고 왼발을 들면서 내딛기를 반복한다.

두 팔을 살짝 들어 오른팔은 머리 위로 공그리고 왼팔은 머리 위로
뿌려서 어깨높이에 둔다. 이 춤사위를 다시 반복한다.

반서림 6장단

①			ㅇㅣ	‖	ㅇㅇ	ㅇ	ㅣ	ㅇㅣ	‖
덩		딱	덩기닥	딱 따	구궁쿵	쿵	기닥	쿵기닥	딱 따

오른발을 들면서 내딛고 왼발 들면서 내딛고 오른발 내딛고 왼발
내디디면서 제자리에서 뱅글 돌면서 오금을 죽인다.

두 팔을 살짝 들어 오른팔은 머리 위로 공그리고 왼팔은 머리 위로
뿌려 어깨높이에 두고 오른팔 왼팔 공그리면서 제자리에서 뱅글
돈다.

반서림 7장단

①		❙	①ｉ	❙❙	◉◯	◯	ｉ	◯ｉ	❙❙
덩		딱	덩기닥	딱 따	구궁쿵	쿵	기닥	쿵기닥	딱 따

오금을 펴며 왼발에 중심을 두고 오른발은 무릎을 조금 구부린
상태에서 천천히 든다.

오른팔을 천천히 장단에 맞추어 비스듬히 앞으로 들고 왼팔은
허리에 낀다. 시선을 천천히 들기 시작한다.

반서림 8장단

ⓘ			Ⓞi	‖	ⓄⓄ	Ⓞ	i	Ⓞi	‖
덩		딱	덩기닥	딱따	구궁쿵	쿵	기닥	쿵기닥	딱따

앞의 춤사위 형태에서 깨금 사위로 뛰다가 오른발을 들면서 내딛고
왼발을 모은다.

앞의 춤사위 형태에서 시계방향으로 제자리에서 뱅글 돌고 오른팔은
머리 위에서 공그리고 두 팔을 제쳐 뿌린다.

반서림 9장단

Ⓘ		I	Ⓘi	I I	⊙⊙	⊙	i	⊙i	I I
덩		딱	덩기닥	딱 따	구궁쿵	쿵	기닥	쿵기닥	딱 따

앞의 춤사위를 반대로 반복한다. 왼발을 들면서 내디디고 오른발을
모은다. 이 춤사위를 반대로 반복한다.

두 팔 살짝 들어 왼팔은 머리 위에 공그리고 두 팔을 제쳐 옆으로
뿌린다.

반서림 10장단

①		ǀ	①ǐ	ǀǀ	◎◎	○	ǐ	○ǐ	ǀǀ
덩		딱	덩기닥	딱 따	구궁쿵	쿵	기닥	쿵기닥	딱 따

왼발을 들면서 내디디고 오른발을 들면서 내디디고 왼발을 들고
내디디면서 오른발을 모은다.

두 팔 살짝 들어 왼팔은 머리 위로 공그리고 오른팔은 머리 위로
뿌려 어깨높이에 두고 다시 왼팔을 머리 위에 공그리며 동시에
두 팔을 제쳐 옆으로 뿌린다.

반서림 11장단

⓪			⓪ㅣ	‖	⓪⓪	○	ㅣ	⓪ㅣ	‖
덩		딱	덩기닥	딱따	구궁쿵	쿵	기닥	쿵기닥	딱따

오른발을 들면서 내딛고 왼발을 들면서 내딛고 오른발을 다시 들고
제자리에서 두 번 뛴 후 오른발을 내디디면서 왼발을 모은다.
몸 방향을 돌리는 것을 물 흐르듯 이어서 한다.

두 팔을 머리 위에서 엎었다가 왼팔은 어깨높이로 들고 오른팔은
왼팔 위에 얹어서 돌다가 오른팔은 두 번 공그려서 뒤에 여미고
왼팔은 앞으로 여민다.

반서림 12장단

Ⓘ			Ⓘⅰ	‖	◉◉	◯	ⅰ	◯ⅰ	‖
덩		딱	덩기닥	딱 따	구궁쿵	쿵	기닥	쿵기닥	딱 따

왼발을 들면서 내딛고 오른발을 들면서 내딛고 왼발을 다시 들고
제자리에서 두 번 뛴 후 왼발을 내디디면서 오른발을 모은다.

두 팔을 머리 위에서 엎었다가 오른팔은 어깨높이로 들고 왼팔은
오른팔 위에 얹어서 돌다가 왼팔로 두 번 공그려서 뒤에 여미고
오른팔은 앞으로 여민다.

반서림 13장단

①			①ｉ	||	◎◎	○	ｉ	○ｉ	||
덩		딱	덩기닥	딱 따	구궁쿵	쿵	기닥	쿵기닥	딱 따

오른발을 들면서 내딛고 왼발을 들면서 내디딘다. 이 춤사위를
반복하며 제자리에서 뱅글 돈다.

두 팔을 살짝 들어 오른팔은 머리 위에 공그리고 왼팔은 머리 위에
뿌려 어깨높이에 둔다. 이 춤사위를 반복하며 제자리에서 뱅글 돈다.

반서림 14장단

①			① ⅰ	‖	ⓞⓞ	○	ⅰ	○ⅰ	‖
덩		딱	덩 기닥	딱 따	구궁 쿵	쿵	기닥	쿵기닥	딱 따

왼발을 들면서 내딛고 오른발을 들면서 내디딘다. 이 춤사위를
반복하여 제자리에서 뱅글 돌며 오금을 죽인다.

두 팔을 살짝 들어 왼팔은 어깨 위에 공그리고 오른팔은 머리 위로
뿌려 어깨높이에 둔다. 이 춤사위를 반복하며 제자리에서 뱅글 돈다.

반서림 15장단

⏀	⏀	⏀	⏀i	‖	⏀⏀	○	⏀	○i	‖
덩	덩	덩	덩기닥	딱따	구궁쿵	쿵	덩	쿵기닥	딱따

서양악보

춤사위와
춤길방향

발디딤

오금을 펴며 왼발에 중심을 두고 오른발은 무릎을 조금 구부린
상태에서 천천히 든다.

팔놀림

오른팔을 천천히 장단에 맞추어 비스듬히 앞으로 들고 왼팔을
허리에 낀다.

반서림 16장단

⏀			⏀i	‖	◍◍	◯	i	⏀i	‖
덩		딱	덩기닥	딱따	구궁쿵	쿵	기닥	쿵기닥	딱따

앞의 춤사위 형태에서 깨금으로 뛴다. 온몸으로 장단을 먹으며
지수며 돈다.

앞의 춤사위 형태에서 시계방향으로 뱅글 돈다.

반서림 17장단

㊀		Ｉ	㊀ｉ	ＩＩ	◉◉	◯	ｉ	㊀ｉ	ＩＩ
덩		딱	덩기닥	딱따	구궁쿵	쿵	기닥	쿵기닥	딱따

앞의 춤사위 형태에서 깨금으로 뛰다가 오른발을 들면서 내딛고
왼발을 모은다.

앞의 춤사위 형태에서 시계방향으로 제자리에서 뱅글 돌고 오른팔은
머리 위에서 공그리고 두 팔을 제쳐 뿌린다.

반서림 18장단

⦿		❘	⦿i	❘❘	◉◉	◯	i	◯i	❘❘
덩		딱	덩기닥	딱 따	구궁쿵	쿵	기닥	쿵기닥	딱 따

오른발을 들면서 내딛고 왼발을 들면서 내디디면서 잔걸음으로
나가다가 두 발 모아 오금을 죽인다.

오른팔을 겨드랑이 밑에서 앞으로 던지고 왼팔은 엎어서 내리고
다시 두 팔을 뒤에서 제쳐서 머리 위로 올려 앞으로 내린다.
한삼을 힘있게 던진다.

반서림 19장단

①	①	①	①i	‖	◎◯	◯	①	①i	‖
덩	덩	덩	덩기닥	딱 따	구궁쿵	쿵	덩	쿵기닥	딱 따

왼발을 들면서 내딛고 오른발을 들면서 내딛고 왼발을 다시 들고
제자리에서 두 번 뛴 후 왼발을 내디디면서 오른발을 모은다.

두 팔을 머리 위에서 엎었다가 오른팔은 어깨높이로 들고 왼팔은
오른팔 위에서 엎어서 돌다가 왼팔로 두 번 공그려서 뒤에 여미고
오른팔은 앞으로 여민다.

반서림 20장단

①			①i	‖	◐◐	◯	i	◯i	‖
덩		딱	덩기닥	딱 따	구궁쿵	쿵	기닥	쿵기닥	딱 따

오른발을 들면서 내딛고 왼발을 들면서 내딛고 오른발을 다시 들고
제자리에서 두 번 뛴 후 오른발을 내디디면서 왼발을 모은다.

두 팔을 머리 위에서 엎었다가 왼팔은 어깨높이로 들고 오른팔은
왼팔 위에 얹어서 돌다가 오른팔로 두 번 공그려서 뒤에 여미고
왼팔은 앞으로 여민다.

반서림 21장단

⦿			⦿ i	‖	◎◎	○	i	○ i	‖
덩		딱	덩기닥	딱 따	구궁쿵	쿵	기닥	쿵기닥	딱 따

왼발 들면서 내딛고 오른발 들면서 내디딘다. 이 춤사위를 반복하며
제자리에서 뱅글 돈다.

두 팔을 머리 위에서 엎었다가 오른팔은 어깨높이로 들고 왼팔은
오른팔 위에 얹어서 돈다. 이 춤사위를 반복하며 제자리에서 뱅글
돈다.

반서림 22장단

㊀	㊀	㊀	㊀i	II	㊀㊀	○	○	㊀	㊀i	II
덩	덩	덩	덩기닥	딱따	구궁쿵	쿵	쿵	덩	쿵기닥	딱따

오른발을 내딛고 왼발을 끌어서 오른발에 모은다. 이 춤사위를
반복한다. 두 팔을 앞으로 크게 던진다.

두 팔을 왼쪽 겨드랑이에 모았다가 오른팔은 겨드랑이 밑에서 뽑아
밀어던지고 왼팔은 머리 위로 엎어서 앞으로 내린다. 이 춤사위를
반복한다.

반서림 23장단

①		I	①i	II	⊙⊙	○	i	○i	II
덩		딱	덩기닥	딱 따	구궁쿵	쿵	기닥	쿵기닥	딱 따

앞의 춤사위와 같은 춤사위를 하다가 빠르게 반복하여 오른발을
내딛고 왼발을 모아 오금을 죽인다. 왼팔의 한삼을 머리 위에서 크게
공그려 내린다.

앞의 춤사위와 같은 춤사위를 하다가 빠르게 반복하고 오른팔은
뒤에 왼팔을 앞으로 여민다.

반서림 24장단

⑩		ǀ	⑩ǀ	ǁ	⑩⑩	⑩	ǀ	⑩ǀ	ǁ
덩		딱	덩기닥	딱 따	구궁쿵	쿵	기닥	쿵기닥	딱 따

왼발을 들면서 내딛고 오른발을 들면서 내디딘다. 이 춤사위를
반복하다가 오금을 죽인다.

두 팔을 살짝 들어 왼팔은 어깨 위에 공그리고 오른팔은 머리 위로
뿌려 어깨높이에 둔다. 이 춤사위를 반복한다.

반서림 25장단

⑪			⑪ì	II	⊙⊙	○	ì	○ì	II
덩		딱	덩기닥	딱따	구궁쿵	쿵	기닥	쿵기닥	딱따

왼발을 들면서 내딛고 오른발을 들면서 내딛다가 제자리에서 뱅글
돌며 오금을 죽인다. 마무리에서 호흡을 순간적으로 마셨다 내쉰다.

앞의 춤사위를 하다가 왼팔 오른팔을 제자리에서 공그리며 뱅글
돌다가 오른팔은 머리 위로 올려 어깨에 놓고 왼팔은 허리에 낀다.

엇중모리 장단 계속

엇중모리 1장단

◑	○	¡	◉	○	¡
덩	쿵	기닥	구궁	쿵	기닥

앞의 춤사위와 같은 형태에서 오른발로 몸의 중심을 옮긴다.

앞의 춤사위 형태와 같다.

엇중모리 2장단(1마루채)

⏀	○	┆	○	│	○
덩	쿵	기닥	쿵	떡	쿵

앞의 춤사위와 같은 형태에서 왼발에 몸의 중심을 옮긴다.

앞의 춤사위와 같은 형태에서 장단을 먹으며 상체를 약간 뒤로 한다.

엇중모리 3장단

ⵀ	◯	¡	ⵙ	◯	¡
덩	쿵	기닥	구궁	쿵	기닥

앞의 춤사위와 같은 형태에서 오른발 왼발로 몸의 중심을 옮긴다.

앞의 춤사위와 같은 형태에서 장단을 먹으며 상체를 약간 앞 뒤로
한다.

엇중모리 4장단(2마루채)

Φ	O	i	O	I	O
덩	쿵	기닥	쿵	떡	쿵

앞의 춤사위와 같은 형태에서 장단을 먹으며 지순다.

앞의 춤사위와 같은 형태에서 장단을 먹으며 온몸으로 지순다.

엇중모리 5장단

◑	◯	ⅰ	◎	◯	ⅰ
덩	쿵	기닥	구궁	쿵	기닥

앞의 춤사위와 같은 형태에서 오른발을 굽혀 들어 내딛고 왼발도
같은 춤사위를 한다.

앞의 춤사위와 같은 형태에서 오른팔은 제쳐 던지며 옆으로 내리고
왼팔은 머리 위로 뿌려 제치며 던져 내린다.

엇중모리 6장단(3마루채)

⏦	○	┊	○	│	○
덩	쿵	기닥	쿵	떡	쿵

오른발을 굽혀 들어 내딛고 왼발도 같은 동작을 하다가 두 발 모아
오금을 죽인다.

오른팔은 겨드랑이 밑에서 뽑아 뿌리고 왼손은 뒤로 부터 크게
공그려 엎어 던져 내리고 다시 두 팔을 뒤로 제쳐 머리 위로 들어
엎어 앞으로 내린다.

189

엇중모리 7장단

⊕	〇	¡	⊙	〇	¡
덩	쿵	기닥	구궁	쿵	기닥

왼발을 굽혀 들어 뒤로 내디디며 오금을 죽인다. 이 동작을 반대로
반복한다. 발의 춤사위를 마음으로 크게 한다.

앞의 춤사위와 같은 마지막 형태에서 왼팔 오른팔의 순서로 머리
위로 던져 내린다. 이 춤사위를 반대로 반복한다.

엇중모리 8장단(4마루채)

Ⓓ	O	i	O	I	O
덩	쿵	기닥	쿵	떡	쿵

앞의 춤사위와 같은 발디딤을 한다.

두 팔을 머리 위로 들어 왼쪽으로 던져 내린다. 이 춤사위를 반대로
반복한다.

엇중모리 9장단

⊕	〇	i	◉	〇	i
덩	쿵	기닥	구궁	쿵	기닥

왼발을 뒤로 내디디며 오금을 죽인다. 이 춤사위를 반대로 반복한다.

앞의 춤사위와 같은 팔놀림을 한다.

엇중모리 10장단(5마루채)

⊕	○	i	○	I	○
덩	쿵	기닥	쿵	떡	쿵

앞의 춤사위와 같은 형태에서 두 발을 모아 오금을 죽이며 지순다.

두 팔을 오른쪽에서 머리 위로 들어 위에서부터 S자형으로 뿌리며
살포시 내린다. 한삼을 몸으로 장단을 먹으며 뿌린다.

엇중모리 11장단

ⓘ	⊙	i	◉	⊙	i
덩	쿵	기닥	구궁	쿵	기닥

서양악보

춤사위와
춤길방향

발디딤

오른발을 굽혀 들어 내딛고 왼발도 같은 춤사위를 한다.

팔놀림

두 팔을 살짝 들어 오른팔은 공그리기를 반복하고 왼팔은
어깨높이로 든다.

엇중모리 12장단(6마루채)

Ⅰ	○	ⅰ	○	Ⅰ	○
덩	쿵	기닥	쿵	떡	쿵

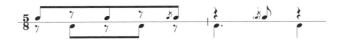

앞의 춤사위와 같은 형태에서 깨금 사위를 반복하고 오른발을
내디디며 왼발을 모아 오금을 죽인다.

앞의 춤사위와 같은 형태에서 오른팔을 들어올려 공그리기를 반복한
후 두 팔 함께 제쳐 옆으로 뿌려 내린다.

195

엇중모리 13장단

⦿	〇	¡	◎	〇	¡
덩	쿵	기닥	구궁	쿵	기닥

왼발을 굽혀 들어 내딛고 오른발도 같은 춤사위를 한다.

두 팔을 머리 위로 들어 시계방향으로 공그리다가 오른팔은
어깨높이에 두고 왼팔은 오른팔에 얹는다.

엇중모리 14장단(7마루채)

ⵙ	◯	ⵕ	◯	∣	◯
덩	쿵	기닥	쿵	떡	쿵

앞의 춤사위와 같은 형태에서 깨금 사위를 반복하고 왼발을
내디디며 오른발을 모아 오금을 죽인다.

앞의 춤사위와 같은 형태에서 왼팔을 들어 공그리기를 반복한 후
두 팔 함께 제쳐 옆으로 뿌려 내린다. 갑자기 춤사위가 커진다.

엇중모리 15장단

⦶	○	¡	◉	○	¡
덩	쿵	기닥	구궁	쿵	기닥

서양악보

춤사위와
춤길방향

발디딤

오른발을 굽혀 들어 내딛고 왼발도 같은 춤사위를 한다.

팔놀림

오른팔은 겨드랑이 밑에서 뽑아 앞으로 던지고 왼팔은 뒤로부터
크게 공그려 엎어 던져 내린다.

엇중모리 16장단(8마루채)

⑪	○	¡	○	Ⅰ	○
덩	쿵	기닥	쿵	떡	쿵

오른발을 굽혀 들어 내딛고 왼발도 같은 춤사위를 하다가 두 발 모아
오금을 죽인다.

앞의 춤사위와 같은 형태에서 다시 하고 두 팔을 뒤로 제쳐 머리
위로 들어서 엎어 앞으로 내린다.

엇중모리 17장단

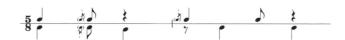

⫶	〇	⫶	⊙	〇	⫶
덩	쿵	기닥	구궁	쿵	기닥

두 발의 오금을 죽였다 펴며 왼발을 굽혀 살짝 내디딘다.

오른팔을 위로 들어 던져 내린다. 왼팔도 같은 춤사위다.

엇중모리 18장단(9마루채)

⊕	○	⊙	○	∣	○
덩	쿵	기닥	쿵	떡	쿵

왼발을 굽혀 내디디면서 오른발을 모아 오금을 죽인다.

두 팔을 살짝 들어 오른팔은 어깨높이에 두고 왼팔은 머리 위에서
공그린 후 두 팔을 옆으로 제쳐 멀리 뿌린다.

엇중모리 19장단

⊕	○	¡	◎	○	¡
덩	쿵	기닥	구궁	쿵	기닥

오른발을 굽혀 들어 내딛고 왼발도 같은 춤사위로 한다.

두 팔을 살짝 들어 오른팔은 머리 위에서 공그리고 왼팔은 어깨 위로
뿌려 내린다.

엇중모리 20장단(10마루채)

⊕	○	i	○	I	○
덩	쿵	기닥	쿵	떡	쿵

두 발을 교대로 제자리에서 뱅글 돌다가 오금을 죽인다.

두 팔을 교대로 공그리며 시계방향으로 뱅글 돌다가 두 팔을 제쳐
옆으로 뿌려 내린다.

엇중모리 21장단

◑	◯	i	◉	◯	i
덩	쿵	기닥	구궁	쿵	기닥

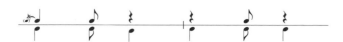

왼발을 굽혀 들어 내딛고 오른발도 같은 춤사위로 한다.

두 팔을 살짝 들어 왼팔은 머리 위에서 공그리고 오른팔은 어깨 위로
뿌려 내린다.

엇중모리 22장단(11마루채)

Ⅰ	○	┆	○	Ⅰ	○
덩	쿵	기닥	쿵	떡	쿵

두 발을 제자리에서 뱅글 돌다가 오금을 죽인다.
마무리에서 호흡을 순간적으로 마셨다 내쉰다.

두 팔을 교대로 공그리며 시계 반대방향으로 뱅글 돌다가 왼팔은 뒤
오른팔은 앞으로 여민다.

올림채 1장단

①		I	O		①	●	⊙	••	I
덩		딱	쿵		덩	구	구궁	드르	딱

M.M ♩♩ = 132

두 발의 오금을 천천히 펴기 시작한다.

앞의 춤사위와 같은 마지막 형태에서 두 팔을 천천히 들기 시작한다.
마음 속으로 장단을 먹는다.

올림채 2장단

ꞏꞏ		ꞏꞏ		ꞏꞏ	ꞏꞏ	ꞏꞏ	ꞏꞏ	
덩		딱	쿵		덩	구	구궁	드르	딱

두 발의 오금을 펴며 오른발을 살짝 굽혀 내든다.

앞의 춤사위가 조금씩 확대되며 두 팔의 높이를 같게 든다.

올림채 3장단

⊕		I	O		⊕	●	☉	••	I
덩		딱	쿵		덩	구	구궁	드르	딱

앞의 춤사위와 같은 형태보다 오른발을 조금 더 든다.

앞의 춤사위와 같이 더 확대된 춤사위다.

올림채 4장단

①		│	○		①	●	◐	‥	│
덩		딱	쿵		덩	구	구궁	드르	딱

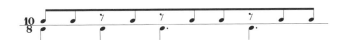

두 발의 오금을 완전히 편다.

앞의 춤사위와 같은 형태에서 어깨높이까지 들었지만 더 올라갈 수
없는 무아지경의 상태다.

올림채 5장단

⅛		⅛		⅛	○			○
덩		덩		덩	쿵	따		쿵

앞의 춤사위 형태와 같다.

앞의 춤사위와 같은 형태에서 두 팔을 머리 위에서 엎었다가 왼팔은
어깨높이로 들고 오른팔은 왼팔 위에 얹는다.

올림채 6장단

⊕		○		⊕		⊕	○	○		|		○
딩		딩		딩		딩	쿵			따		쿵

오른발을 굽혀 옆으로 내디디며 왼발을 모은다. 이 춤사위를 반대로
반복한다.

앞의 춤사위 형태와 같다.

올림채 7장단

①		Ⅰ	○		①	●	◉	∙∙	Ⅰ
덩		딱	쿵		덩	구	구궁	드르	딱

오른발을 굽혀 옆으로 내디디며 왼발을 모은다.

오른팔을 머리 위에서 공그린 후 두 팔을 옆으로 제쳐 뿌린다.

올림채 8장단

⬓			∣	○		⬓	●	◐	‥	∣
덩		딱	쿵		덩	구	구궁	드르	딱

왼발을 굽혀 옆으로 내디디며 오른발을 모은다.

왼팔을 머리 위에서 공그린 뒤 두 팔을 옆으로 제쳐 뿌린다.

올림채 9장단

①			○		①	●	⊙	••		
딩		딱	쿵		딩	구	구궁	드르	딱

오른발을 굽혀 들어 내딛고 왼발도 같은 춤사위로 한다.
몸으로 장단을 먹으며 내딛는다.

두 팔을 머리 위로 들어 시계 반대방향으로 공그리다가 왼팔은
어깨높이에 두고 오른팔은 왼팔에 얹는다.

올림채 10장단

⽥		❘	◯		⽥	●	◑	∶∶	❘
덩		딱	쿵		덩	구	구궁	드르	딱

앞의 춤사위 형태와 같다.

앞의 춤사위 형태와 같다.

올림채 11장단

O		①		I	O		I	O
쿵		덩		따	쿵		딱	쿵

앞의 춤사위 형태와 같은 발디딤이다.

앞의 춤사위 형태와 같은 팔놀림이다.

올림채 12장단

O	⏀	I	O	I	O
쿵	덩	따	쿵	딱	쿵

앞의 춤사위 형태와 같은 발디딤이다.

앞의 춤사위 형태와 같은 팔놀림이다.

올림채 13장단

⊕	I	O	I	O	I	I		O	I
덩	딱	쿵	딱	쿵	딱	따		쿵	따

앞의 춤사위 형태와 같은 발디딤이다.

앞의 춤사위 형태와 같은 팔놀림이다.

올림채 14장단

⏀	ㅣ	○	ㅣ	○	ㅣ	ㅣ		○	ㅣ
딩	딱	쿵	딱	쿵	딱	따		쿵	따

앞의 춤사위 형태와 같은 발디딤이다.

앞의 춤사위 형태와 같은 팔놀림이다.

올림채 15장단

⏀	l	O	l	O	l	l		O	l
덩	딱	쿵	딱	쿵	딱	따		쿵	따

서양악보

춤사위와
춤길방향

발디딤

앞의 춤사위 형태와 같은 발디딤이다.

팔놀림

앞의 춤사위 형태와 같은 팔놀림이다.

올림채 16장단

Ⓓ	I	O	I	O	I	I		O	I
덩	딱	쿵	딱	쿵	딱	따		쿵	따

오른발을 굽혀 옆으로 내디디며 왼발을 모은다.

오른팔을 머리 위에서 공그린 뒤 두 팔을 옆으로 제쳐 뿌리며
마음으로 춤사위를 크게 한다.

올림채 17장단

O	I	O	I	O	I	I	O	I	I
쿵	딱	쿵	딱	쿵	딱	따	쿵	딱	따

왼발을 굽혀 들어 내딛고 오른발도 같은 춤사위를 한다.
한삼을 크게 뿌린다.

두 팔을 머리 위로 들어 시계방향으로 공그리다가 오른팔은
어깨높이에 두고 왼팔은 오른팔에 얹는다.

올림채 18장단

O	⊕	I	O	I	O
쿵	덩	따	쿵	딱	쿵

앞의 춤사위 형태와 같은 발디딤이다.

앞의 춤사위 형태와 같은 팔놀림이다.

장단이름과
장단수

정간보와
구음

서양악보

춤사위와
춤길방향

발디딤

팔놀림

올림채 19장단

⏀		⏀	○		I	○
덩		덩	쿵		딱	쿵

앞의 춤사위 형태와 같은 발디딤이다.

앞의 춤사위 형태와 같은 팔놀림이다.

올림채 20장단

⊕	⊕	○		I	○
덩	덩	쿵		따	쿵

앞의 춤사위 형태와 같은 발디딤이다.

앞의 춤사위 형태와 같은 팔놀림이다.

올림채 21장단

①		①		○				ㅣ		○
덩		덩		쿵				따		쿵

앞의 춤사위 형태와 같은 발디딤이다.

앞의 춤사위 형태와 같은 팔놀림이다.

올림채 22장단

①	①	○		I	○
덩	덩	쿵		따	쿵

앞의 춤사위 형태와 같은 발디딤이다.

앞의 춤사위 형태와 같은 팔놀림이다.

올림채 23장단

⏀		⏀		〇				Ⅰ	〇
덩		덩		쿵				딱	쿵

앞의 춤사위 형태와 같은 발디딤이다.

앞의 춤사위 형태와 같은 팔놀림이다.

올림채 24장단

⓪		⓪		○				I		○
딩		딩		쿵				딱		쿵

왼발을 굽혀 옆으로 내디디며 오른발을 모은다.

왼팔을 머리 위에서 공그린 후 두 팔을 옆으로 제쳐 뿌린다.

올림채 25장단

Ⓘ	○			I	I	○
덩	쿵			딱	따	쿵

오른발을 굽혀 옆으로 내디디며 왼발을 모은다.

오른팔을 머리 위에서 공그린 후 두 팔을 옆으로 제쳐 뿌리며 빠른
춤사위로 바뀐다.

올림채 26장단

앞의 춤사위 형태와 같은 발디딤이다.

앞의 춤사위 형태와 같은 팔놀림이다.

올림채 27장단

ⴲ	○			I	I	○
딩	쿵			딱	따	쿵

앞의 춤사위 형태와 같은 발디딤이다.

앞의 춤사위 형태와 같은 팔놀림이다.

올림채 28장단

⊕	ㅣ	○	ㅣ	○	ㅣ	ㅣ		○	ㅣ
덩	딱	쿵	딱	쿵	딱	따		쿵	따

왼발을 굽혀 옆으로 내디디며 오른발을 모은다.

왼팔을 머리 위에서 공그린 후 두 팔을 옆으로 뿌려 던지고 나서
순간적으로 머무르며 오른팔은 강하게 위로 올린다.

올림채 29장단

⏀	○		|	|	○
덩	쿵		딱	따	쿵

두 발 모은 상태에서 장단을 먹는다. 상체의 춤사위를 작게 하고
두 발로 장단을 먹는다.

앞의 춤사위 마지막 형태에서 오른팔을 뒤로 제쳐 놓는다.

올림채 30장단

⊕	I	O	I	O	I	I		O	I
덩	딱	쿵	딱	쿵	딱	따		쿵	따

앞의 춤사위와 같은 형태에서 두 발을 조금씩 시계방향으로 틀면서
장단을 먹는다.

앞의 춤사위와 같은 형태에서 몸 방향만 살짝 시계 반대방향으로
튼다.

장단이름과
장단수

올림채 31장단

정간보와
구음

O	I	O	I	O	I	I	O	I	I
쿵	딱	쿵	딱	쿵	딱	따	쿵	딱	따

서양악보

춤사위와
춤길방향

발디딤

앞의 춤사위 형태와 같은 발디딤이다.

팔놀림

앞의 춤사위 형태와 같은 팔놀림이다.

올림채 32장단

O	l	O	l	O	l	l	O	l	l
쿵	딱	쿵	딱	쿵	딱	따	쿵	딱	따

앞의 춤사위 형태와 같은 발디딤이다.

앞의 춤사위 형태와 같으며 마음으로 춤사위를 크게 한다.

올림채 33장단

O	l	O	l	O	l	l	O	l	l
쿵	딱	쿵	딱	쿵	딱	따	쿵	딱	따

오른발을 굽혀 옆으로 내디디며 왼발을 모은다. 이 춤사위를 반대로
반복한다.

앞의 춤사위와 같은 형태에서 오른팔을 약간 더 구부린다.

장단이름과
장단수

정간보와
구음

서양악보

춤사위와
춤길방향

올림채 34장단

O	I	O	I	O	I	I	O	I	I
쿵	딱	쿵	딱	쿵	딱	따	쿵	딱	따

앞의 춤사위 형태와 같은 발디딤이다.

앞의 춤사위 형태와 같은 팔놀림이다.

올림채 35장단

①	○					○
덩	쿵			딱	따	쿵

오른발을 굽혀 들어 내딛고 왼발도 같은 춤사위로 한다. 이 춤사위를
반복한다.

앞의 춤사위와 같은 형태다. 호흡을 들이마시고 내쉬는 속도가
격렬해진다.

올림채 36장단

⦶			◯			◯					◯		
덩	딱	쿵	딱	쿵	딱	따				쿵	따	

두 발을 모아 오금을 죽이고 잔까치걸음 사위를 한다.
미끄럼을 타듯이 자연스럽게 이동한다.

앞의 춤사위와 같은 형태다.

올림채 37장단

⊕	○			│	│	○
덩	쿵			딱	따	쿵

앞의 춤사위 형태와 같은 발디딤이다.

앞의 춤사위 형태와 같은 팔놀림이다.

올림채 38장단

⑩	l	○	l	○	l	l		○	l
덩	딱	쿵	딱	쿵	딱	따		쿵	따

앞의 춤사위 형태와 같은 발디딤이다.

앞의 춤사위 형태와 같은 팔놀림이다.

올림채 39장단

O	I	O	I	O	I	I	O	I	I
쿵	딱	쿵	딱	쿵	딱	따	쿵	딱	따

오른발을 굽혀 옆으로 내디디며 왼발을 모은다. 이 춤사위를 반대로
반복한다.

오른팔을 머리 위에서 공그린 후 두 팔을 옆으로 제쳐 뿌린다.
이 춤사위를 반대로 반복한다.

올림채 40장단

O	⏀	ㅣ	O	ㅣ	O
쿵	덩	따	쿵	딱	쿵

오른발을 들면서 내딛고 왼발을 들면서 내디딘다. 이 춤사위를
반복하며 제자리에서 뱅글 돈다.

두 팔을 살짝 들어 오른팔은 어깨 위에 공그리고 왼팔은 머리 위로
뿌려 어깨높이로 든다. 이 춤사위를 반복하며 제자리에서 뱅글 돈다.

올림채 41장단

O	◐	I	O	I	O
쿵	덩	따	쿵	딱	쿵

왼발을 들면서 내딛고 오른발을 들면서 내디딘다. 이 춤사위를
반복하며 제자리에서 뱅글 돈다.

두 팔을 살짝 들어 왼팔은 어깨 위에 공그리고 오른팔은 머리 위로
뿌려 어깨높이에 둔다.

올림채 42장단

O	I	O	I	O	I	I	O	I	I
쿵	딱	쿵	딱	쿵	딱	따	쿵	딱	따

오른발 들면서 내딛고 왼발을 들면서 내디딘다. 이 춤사위를
반복하며 제자리에서 뱅글 돌아 오금을 죽인다.

두 팔을 살짝 들어 오른팔은 머리 위에 공그리고 왼팔은 머리 위로
뿌려 어깨높이에 둔다. 이 춤사위를 두 팔 교대로 뱅글 뿌리며 돈다.
마무리에서 호흡을 순간적으로 마셨다가 내쉰다.

돌림채 1장단

①	●	①	●	①	●	i	○
덩		구	덩	구	덩	구	기닥	쿵

M.M ♩. = 116

모은 두 발의 오금을 폈다 죽이기를 잘게 반복한다.

두 팔을 밑에서부터 천천히 옆으로 든다. 마음을 가다듬고
제자리에서 장단을 먹는다.

돌림채 2장단

⑪	●	⑪	●	⑪	●	┃	○
덩	구	덩	구	덩	구	기닥	쿵

오른발을 굽혀 옆으로 내디디며 왼발을 모은다. 이 춤사위를 반대로
반복한다.

앞의 춤사위 형태와 같은 팔놀림이다.

돌림채 3장단

①	•	①	•	①	•	i	○
덩	구	덩	구	덩	구	기닥	쿵

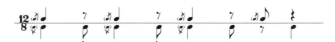

오른발을 굽혀 들어 내디디며 왼발을 모은다. 이 춤사위를 반대로
반복한다. 몸 동작을 작게 한다.

앞의 춤사위 형태와 같은 팔놀림이다.

돌림채 4장단

⑪	●	⑪	●	⑪	●	ｉ	○
덩	구	덩	구	덩	구	기닥	쿵

오른발 왼발 오른발 내디디며 왼발을 모으고 오금을 약간 죽인다.

앞의 춤사위 형태와 같으며 춤사위를 조금 크게 한다.

돌림채 5장단

⊕	●	⊕	●	⊕	●	i	○
덩		구	덩	구	덩	구	기닥		쿵

앞의 춤사위 형태와 같은 발디딤이다.

앞의 춤사위 형태와 같으며 춤사위를 조금 크게 한다.

터벌림채 장단 계속

터벌림채 1장단

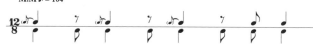

⏀	●	⏀	●	⏀	●	⏀	Ι
덩		구	덩	구	덩	구	덩	덕

M.M ♩. = 104

두 발을 모아서 오금을 죽이고 오른발을 구부려 들었다가 다시
두 발을 모아 오금 죽이고 왼발을 조금 구부려서 든다. 춤사위를
아주 크게 한다.

두 팔을 내렸다 들면서 오른팔은 머리 위에서 공그리고 왼팔은
내려서 공그린다. 이 춤사위를 반복한다.

터벌림채 2장단(1마루채)

⊕		⊕	l	○		○		⊕	l	○
딩		딩	덕	쿵		쿵		딩	덕	쿵

두 발을 시계방향으로 돌면서 오른발 왼발 약간 굴리면서 뛰다가
두 발 모아 오금 죽이기를 반복한다.

두 팔을 머리 위로 들어 시계방향으로 공그리다가 어깨높이로 든
왼 팔에 오른팔을 얹는다.

터벌림채 3장단

⏀		⏀	ㅣ	O		O		⏀	ㅣ		O
덩		덩	덕	쿵		쿵		덩	덕		쿵

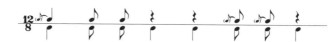

앞의 춤사위 형태와 같다.

앞의 춤사위 형태와 같다. 춤사위를 좀더 크게 한다.

터벌림채 4장단 (2마루채)

①		①	Ⅰ	○		○		①	Ⅰ		○
덩		덩	덕	쿵		쿵		덩	덕		쿵

앞의 춤사위 형태와 같은 발디딤이다.

앞의 춤사위 형태와 같은 팔놀림이다.

터벌림채 5장단

⏀	●	⏀	●	⏀	●	⏀	ǀ
덩		구	덩	구	덩	구	덩	덕

앞의 춤사위 형태와 같은 발디딤이다.

앞의 춤사위 형태와 같은 팔놀림이다.

장단이름과
장단수

정간보와
구음

서양악보

춤사위와
춤길방향

터벌림채 6장단(3마루채)

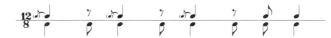

①		①		○		○		①		○
덩		덩	덕	쿵		쿵		덩	덕	쿵

약간 구르고 뛰면서 왼발 들고 오른발 들고 왼발 들고 오른발
구르면서 두 발 모은다. 몸 전체로 장단을 먹는다.

두 팔을 머리 위에서 내리면서 왼팔을 오른팔에 얹으며 사방치기
사위를 한다.

터벌림채 7장단

Ⓘ		Ⓘ	Ⅰ	Ο		Ο		Ⓘ	Ⅰ		Ο
덩		덩	덕	쿵		쿵		덩	덕		쿵

앞의 춤사위 형태와 같은 발디딤이다.

앞의 춤사위 형태와 같은 팔놀림이다.

터벌림채 8장단 (4마루채)

⏀		⏀	|	○		○		⏀	|		○
덩		덩	덕	쿵		쿵		덩	덕		쿵

두 발을 모아서 오금을 죽이고 왼발을 구부려서 들고 다시 두 발
모아 오금을 죽이고 오른발을 구부려서 든다.

두 팔을 내렸다 들면서 왼팔은 머리 위에서 공그리고 오른팔은
내려서 공그린다. 다시 두 팔을 내렸다가 돌면서 오른팔을 머리
위에서 공그린다.

터벌림채 9장단

⏀		•	⏀		•	⏀		•	⏀			
덩		구	덩		구	덩		구	덩		덕	

약간 구르고 뛰면서 오른발 들고 왼발 들고 오른발 들고 왼발
구르면서 두 발을 모아 오금을 죽인다.

오른팔을 왼팔에 얹고 왼팔을 옆으로 든 채 위로 한삼을 제치며
몸 전체로 장단을 먹는다.

262

터벌림채 10장단(5마루채)

①		①	l	○		○		①	l		○
덩		덩	덕	쿵		쿵		덩	덕		쿵

앞의 춤사위 형태와 같은 발디딤이다.

앞의 춤사위 형태와 같은 팔놀림이다.

터벌림채 11장단

⏀	○	⏀	I	○		○		⏀	I		○
덩		덩	덕	쿵		쿵		덩	덕		쿵

두 발을 모아서 오금을 죽이고 왼발을 구부려서 들고 다시 두 발
모아 오금을 죽이고 오른발을 구부려서 든다.

두 팔을 내렸다 들면서 왼팔은 머리 위에서 공그리고 오른팔은
내려서 공그린다. 다시 두 팔을 내렸다가 돌면서 오른팔을 머리
위에서 공그린다.

터벌림채 12장단(6마루채)

⏀	○	⏀	l	○		○		⏀	l		○
덩		덩	덕	쿵		쿵		덩	덕		쿵

앞의 춤사위 형태와 같은 발디딤이다.

앞의 춤사위 형태와 같은 팔놀림이다.

터벌림채 13장단

⏀		⏀	ㅣ	○		○		⏀	ㅣ		○
덩		덩	덕	쿵		쿵		덩	덕		쿵

약간 구르고 뛰면서 오른발 들고 왼발 들고 오른발 들고 왼발을
구르면서 두 발 모아 오금을 죽인다.

오른팔을 왼팔에 얹고 왼팔을 옆으로 든 채 위로 한삼을 제친다.
몸 전체로 장단을 먹는다.

터벌림채 14장단(7마루채)

①		①	Ⅰ	○		○		①	Ⅰ		○
덩		덩	덕	쿵		쿵		덩	덕		쿵

두 발을 모아서 오금을 죽이고 왼발을 구부려서 들고 다시 두 발
모아서 오금을 죽이고 오른발을 구부려서 든다.

두 팔을 내렸다 들면서 왼팔은 머리 위에서 공그리고 오른팔은
내려서 공그린다. 다시 두 팔을 내렸다가 돌면서 오른팔을 머리
위에서 공그린다.

터벌림채 15장단

⏀	●	⏀	●	⏀	●	⏀	ㅣ
덩		구	덩	구	덩	구	덩	덕

앞의 춤사위 형태와 같은 발디딤이다.

앞의 춤사위 형태와 같은 팔놀림이다.

장단이름과
장단수

정간보와
구음

서양악보

춤사위와
춤길방향

터벌림채 16장단(8마루채)

①		①	l	○		○		①	l		○
덩		덩	덕	쿵		쿵		덩	덕		쿵

앞의 춤사위 형태와 같은 발디딤이다.

앞의 춤사위 형태와 같은 팔놀림이다.

269

터벌림채 17장단

①		①		○		○		①		○
덩		덩	덕	쿵		쿵		덩	덕	쿵

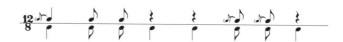

앞의 춤사위 형태와 같은 발디딤이다.

앞의 춤사위 형태와 같은 팔놀림이다.

터벌림채 18장단(9마루채)

①		①	l	○		○		①	l	○
덩		덩	덕	쿵		쿵		덩	덕	쿵

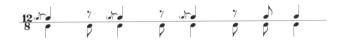

약간 구르고 뛰면서 왼발 오른발 들어서 내딛기를 반복한다.

왼팔을 위에서 밑으로 내리고 오른팔을 위에서 밑으로 내리고 다시
왼팔을 위에서 밑으로 내리고 오른팔을 위에서 밑으로 내리면서
뱅글 돈다. 한삼 춤사위로 허공에 크고 고운 선을 그린다.

터벌림채 19장단

⊕	•	⊕	•	⊕	•	⊕	Ⅰ
덩		구	덩	구	덩	구	덩	덕

앞의 춤사위 형태와 같은 발디딤이다.

앞의 춤사위 형태와 같은 팔놀림이다.

터벌림채 20장단(10마루채)

①		①	ㅣ	○		○		①	ㅣ	○
덩		덩	덕	쿵		쿵		덩	덕	쿵

약간 구르고 뛰면서 오른발 왼발 들어서 내딛기를 반복한다.

오른팔을 위에서 밑으로 내리고 왼팔을 위에서 밑으로 내리고 다시
오른팔을 위에서 밑으로 내리고 왼팔을 위에서 밑으로 내리면서
뱅글 돈다. 마무리에서 호흡을 순간적으로 들여 마셨다 내쉰다.

넘김채 1장단

①		·	O		i
덩		다	쿵		기닥

M.M♩. = 104

두 발을 모아서 오금을 죽여 위로 뛰었다가 다시 오금을 죽인다.

비껴 옆으로 서서 두 팔을 위로 들었다 내리며 장단변화와 함께
다음 춤사위로 이어지기 위하여 호흡을 정리한다.

넘김채 2장단

⊕		·	○		i
덩		다	쿵		기닥

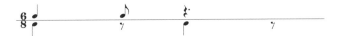

앞의 춤사위 형태와 같은 발디딤이다.

앞의 춤사위 형태와 같은 팔놀림이다.

자진 굿거리 1장단

⑩	ㅣ	ㅣ	○		¡	
덩	딱	따	쿵		기닥	

M.M ♩. = 120

오른발을 구부려 들면서 뒤로 뒤꿈치를 차고 제자리에 깨금
사위한다. 왼발을 디딘 채로 비껴 뒤로 후퇴한다.

오른팔을 밖에서 안으로 감고 왼팔은 밑으로 자연스럽게 내린다.
마무리 춤사위를 위하여 몸의 춤사위가 잦아지는 가운데 정리하기
시작한다.

자진 굿거리 2장단

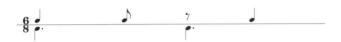

⊕	Ⅰ	Ⅰ	○		ｉ	
덩	딱	따	쿵		기닥	

앞의 춤사위 형태와 같은 발디딤이다.

앞의 춤사위 형태와 같은 팔놀림이다.

자진 굿거리 3장단

Φ					O		i	
덩		딱		따	쿵		기닥	

오른발을 구부린 채 제자리에서 깨금 사위하고 오른발을 내디디며
왼발을 모아 오금을 죽인다.

오른팔을 밖에서 안으로 두 번 감으면서 왼팔은 자연스럽게 밑으로
내리고 두 팔을 자연스럽게 같이 옆으로 뿌린다.

자진 굿거리 4장단

⏀	⏀	⏀	○		i	
덩	딱	따	쿵		기닥	

왼발을 구부려 들면서 뒤로 뒤꿈치를 차고 제자리에서 깨금
사위한다. 오른발을 디딘 채로 비껴 뒤로 후퇴한다.

왼팔을 밖에서 안으로 감고 오른팔은 밑으로 자연스럽게 내린다.

자진 굿거리 5장단

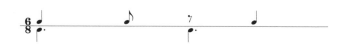

⊕	l	l	O		i		
덩	딱	따	쿵		기닥		

앞의 춤사위 형태와 같은 발디딤이다.

앞의 춤사위 형태와 같은 팔놀림이다.

자진 굿거리 6장단

⊕	○					○		i		
덩	딱	따	쿵		기닥	

왼발을 구부린 채 제자리에서 깨금 사위하고 왼발을 내디디며
오른발을 모아 오금을 죽인다.

왼팔을 밖에서 안으로 두 번 감으면서 오른팔은 자연스럽게 밑으로
내리고 두 팔을 자연스럽게 같이 옆으로 뿌린다.

281

자진 굿거리 7장단

⦿		❘		❘		○		ᵢ	
덩		딱		따		쿵		기닥	

오른발을 구부려 들면서 뒤로 뒤꿈치를 차고 제자리에서 깨금
사위한다. 왼발을 디딘 채로 비껴 뒤로 후퇴한다.

오른팔을 밖에서 안으로 감고 왼팔은 자연스럽게 밑으로 내리며
시계방향으로 빙글 돈다.

자진 굿거리 8장단

⏀	Ι	Ι	○		i	
덩	딱	따	쿵		기닥	

앞의 춤사위 형태와 같은 발디딤이다.

앞의 춤사위 형태와 같은 팔놀림이다.

자진 굿거리 9장단

⦶	Ⅰ	Ⅰ	Ｏ		ｉ	
덩	딱	따	쿵		기닥	

오른발을 구부린 채 제자리에서 깨금 사위하고 오른발을 내디디며
왼발을 모아 오금을 죽인다.

오른팔을 밖에서 안으로 두 번 감으면서 왼팔은 자연스럽게 밑으로
내리고 두 팔을 자연스럽게 같이 옆으로 뿌린다.

자진 굿거리 10장단

⊕	l	l	○		i	
덩	딱	따	쿵		기닥	

약간 구르고 뛰면서 오른발 왼발 들어서 내딛기를 반복한다.

오른팔을 위에서 밑으로 내리고 왼팔을 위에서 밑으로 내리면서
제자리에서 뱅글 돈다.

자진 굿거리 11장단

⊕	┃	┃	○		i		
덩	딱	따	쿵		기닥		

앞의 춤사위 형태와 같은 발디딤이다.

앞의 춤사위 형태와 같은 팔놀림이다.

자진 굿거리 12장단

①	ㅣ	ㅣ	○		i		
덩	딱	따	쿵		기닥		

앞의 춤사위 형태와 같은 발디딤이다.

앞의 춤사위 형태와 같은 팔놀림이다.

자진 굿거리 13장단

⊕	l	l	O		i		
덩	딱	따	쿵		기닥		

앞의 춤사위 형태와 같은 발디딤이다.

앞의 춤사위 형태와 같은 팔놀림이다.

288

자진 굿거리 14장단

㊀	l	l	○		i		
딩	딱	따	쿵		기닥		

약간 구르고 뛰면서 오른발 왼발 들어서 내딛기를 반복한다.

왼팔을 위에서 밑으로 내리고 오른팔을 위에서 밑으로 내리면서
제자리에서 뱅글 돈다.

자진 굿거리 15장단

⏀		l	l	◯		i	
덩		딱	따	쿵		기닥	

앞의 춤사위 형태와 같은 발디딤이다.

앞의 춤사위 형태와 같은 팔놀림이다.

자진 굿거리 16장단

⏀	Ⅰ	Ⅰ	○		ⅰ	
딩	딱	따	쿵		기닥	

앞의 춤사위 형태와 같은 발디딤이다.

앞의 춤사위 형태와 같은 팔놀림이다.

자진 굿거리 17장단

⑪	l	l	O		i		
덩	딱	따	쿵		기닥		

앞의 춤사위 형태와 같은 발디딤이다.

앞의 춤사위 형태와 같은 팔놀림이다.

자진 굿거리 18장단

Ⓓ	Ⅰ	Ⅰ	○		ⅰ		
덩	딱	따	쿵		기닥		

약간 구르고 뛰면서 오른발 들어서 내딛고 왼발 들어서 내디딘다.

제자리에서 돌면서 오른팔을 위에서 밑으로 내리고 왼팔을 위에서
밑으로 내린다.

293

자진 굿거리 19장단

①	ㅣ	ㅣ	○		i	
덩	딱	따	쿵		기닥	

앞의 춤사위 형태와 같은 발디딤이다.

앞의 춤사위 형태와 같은 팔놀림이다.

자진 굿거리 20장단

⑪					○	i	
덩	딱	따	쿵		기닥	

앞의 춤사위 형태와 같은 발디딤이다.

앞의 춤사위 형태와 같은 팔놀림이다.

마무리 1장단

⦿	·	∣	∣	○	◑	ⅰ	∣
덩	다	딱	따	쿵	구궁	기닥	딱

●

두 발을 모은다. 호흡을 내쉰 뒤 진공상태다.

두 팔을 자연스럽게 어깨 위에 얹고 앞으로 뿌리면서 내리며 읍조려
인사한다.

Abstract

Last Artist of the Choson Dynasty(1392-1910), Yi Dongahn

— Memories of Chaeinch'ŏng Dance and Kim Myungsoo Dance Notation

English translation and editing by Juyeon Ryu

Yi Dongahn and his dance movements are still alive today, even after his passing in 1995. Yi Dongahn's fundamental dance technique is tantamount to the Vaganova Technique of Ballet in Russia, embodying the essence of the thousand year-old Korean dance tradition and encompassing various Korean artistic genres and regional characteristics. For example, Yi Dongahn's nomenclature of the rhythms in T'aep'yongmu is unique from those of other Korean artists.

Yi Dongahn, born in 1906, was the last Dodaebang, artistic director and leader of Chaeinch'ŏng, the school for traditional artists of the Choson dynasty. He was famous for his tightrope performance, Kyungkijapga (story song of Kyungki province), and Baltal (Korean foot mask puppet theatre).

Yi Dongahn's mentor was Kim Inho, who himself was the historical figure of Chaeinch'ǒng. Kim Inho was one of the major artists dominating Gwangmudae, the representative modern Korean theater in the 1920's, performing Sungmu with musician Han Sungjune's accompanying rhythm. Under Kim Inho's tutelage, Yi Dongahn's dance and artistic foundations were constructed, readying Yi Dongahn to continue as a successor of the Chaeinch'ǒng tradition. Park Seungpil was the artistic director and founder of Gwangmudae, which provided a variety of performances during the Japanese colonization. As the director of Gwangmudae, Park Seungpil recognized Yi Dongahn's talent and selected him to become a soloist and major performer at Gwangmudae.

According to Yi Dongahn in a later interview, these touring days were the best days of his life as an artist.

In the 1930's, as a member of the Daedonggagukdan, Yi Dongahn toured Hamkyungdo, Hwanghaedo, Manchuria, and Bongchun with other famous Korean classical singers, such as Lim Bangwool and Yi Hwajoongsun. Later, he and Lim Bangwool, formed Hwasungchanggukdan and toured Manchuria. Yi Dongahn also stated in his interview that he joined Daedonggagukdan because Yi Hwajoongsun had asked him to perform Sungmu and tightrope walking while touring with the group.

Musician Han Sungjune, having played rhythms for Gwangmudae performers, knew Yi Dongahn was capable of teaching a variety of dance repertoires. Han Sungjune asked Yi Dongahn to become a teacher at the

Research Institute for Music and Dance of Choson. At that time, Han Sungjune was not teaching dance because he was mainly a musician for dancers. Han Sungjune therefore asked Yi Dongahn to teach Choi Seunghee to prepare for her performance and tour in Japan. Yi Dongahn taught Choi Seunghee the dances Changgomu, Sungmu, T'aep'yongmu, Jinsuich'mu and Yipchum. After her Japan tour, Choi Seunghee toured around the world with the repertoires she had learned from Yi Dongahn. As a result Choi Seunghee became one of the most famous Korean dance artists during the Japanese colonization and later the founder of the Korean dance technique in North Korea.

On February 27, 1940, Yi Dongahn performed dance repertoires such as T'aep'yongmu, Hakmu, Gupjaemu, and Shinroshimbulro at the Buminkwan as part of Han Sungjune's dance concert. He toured and taught around the country even after the liberation from Japan in 1945.

On August 14, 1981, Yi Dongahn was on the international tour invited and sponsored by the American Foundation for International Exchange, and he performed his solo dances such as T'aep'yongmu and Heegukmu at the Kennedy Center in Washington, New York, Los Angeles, and Tokyo.

He was seventy-five-years old then, and even when he was in his 80's until a year before his passing, he continued to perform on stage.

Yi Dongahn's dance is the dance of Chaeinch'ŏng, which encompasses folk dances as well as Jungjae (court dance), Musokchum (shamanist dance), Jakbup (buddhist dance), Hanryangchum (aristocrat dance), and Gibangchum (tavern entertainers' dances). With their highly qualified refinement, the experts in each genre reinvented the Chaeinch'ŏng dance into an artform in which the rhythm and the dance movement are exquisitely harmonized to create one entity; the movements have a firm and strong balance, eloquently flowing and not fluttering in the air; and highly skilled movements are connecting as they naturally flow like water in a stream.

The Chaeinch'ŏng can be described as a dance of the earth with two feet steadfastly standing on and loving the earth, giving and receiving through the force of knees bending, absorbing into the earth, and then stepping towards the future. Furthermore, with the accumulation of already established structures, the Chaeinch'ŏng dance movements create curved lines freely connecting through the flow of entirety, not straight lines which can be cut, disconnected, or bent. The Chaeinch'ŏng dance allows the dancer to throw the entire body into achieving unification, coexistence, and harmony, instead of being broken down into its movement parts. The power of stillness in the middle of intensified energy is embodied in the body's movements. The Chaeinch'ŏng is a dance of reconciliation, swallowing the sufferings of perilous life.

Looking back at the history of Korean dance, it is clear that two distinct qualities of movement have existed: one from Chaeinch'ŏng, the school for traditional artists of the Choson dynasty, exhibiting a masculine quality of dance movement; and the other from the Gunbun, female entertainers serving food, beverages, and show, exhibiting a feminine quality of dance movement.

Kim Inho had been teaching Gunbun entertainers who modified their own feminine style appropriate for their performances. Han Sungjune, a drummer for Kim Inho's performances, learned by watching Kim Inho's dance movements as a musician, and then studied and systemized the dance. Kim Inho's style of dance movements has continued as the Bajichum (trouser dance), the prototype for masculine Korean dance, where as Han Sungjune's style of dance movements has continued as the Yuh-mu (woman's dance) tradition with a feminine quality of dance movements. Han Sungjune became the father of modern Korean dance due to his systematic teaching structure at the Research Institute for Dance and Music of Choson.

Yi Dongahn was the only successor of Kim Inho's dance movement, which unfortunately has been recognized only as one of many schools of Korean dance due to the lack of systematic teaching structure and educational institution to continue this tradition, even though Kim Inho's dance was the main fountainhead of today's Korean dance movement for both.

Kim Myungsoo followed Yi Dongahn's line of tradition and learned various dances directly from Yi Dongahn in the 1980s. Kim Myungsoo published her book in 1983, thoroughly explaining and analyzing Yi Dongahn's dances. This year, to celebrate the 20th anniversary of Yi Dongahn's passing in 1995, Kim Myungsoo is republishing her book.

This republished version includes Kim Myungsoo Dance Notation with hand gestures, foot movements, and movement directions, as well as characteristics of dance, dance movements, and glossaries. Kim Myungsoo has also included the Fundamental dance notation and T'aep'yongmu notation. Kim Myungsoo Dance Notation is significant in Korean dance history because not only it documents forgotten and disappearing Chaeinch'ŏng dance tradition, but also it contains a multilayered and systematic structure itself.

Yi Dongahn once said, Every year I am falling into decay but I have been performing with a thought of dyingon stage and have actually forgotten my illnesses, and my excellent spirits have become alive. My one and only last wish is to perform one more time for many more audiences and to train more students who are sincere and talented.

The last and greatest dancer of the Choson Dynasty, Yi Dongahn, finished his last dance in October 1994. He was 88 years old.

이동안의
춤

사진
자료.

태평무(1980년 무렵 소극장 공간사랑에서)

북춤(하보경)과 진쇠춤(이동안)

발탈

장구 치는 모습

즐타기

엇중모리 신칼대신무

운학.이동안.연보.

(1906년 12월 6일-1995년 6월 20일)

1784년	· 재인청 창설
1820년	· 이날치 출생
1860년(?)	· 김인호 출생
1867년	· 이동백 출생
1875년	· 한성준, 박승필 출생
1892년	· 이날치 사망
1899년	· 이용우 출생
1902년	· 협률사 설립
1904년	· 임방울 출생
1905년	· 배구자 출생
1906년	· 12월 6일 경기도 화성군 향남면 송곡리 13번지에서 화성 재인청 도 대방인 아버지 이재학과 어머니 해주 오씨의 아들로 태어났다.
1907년	· 단성사 설립 · 조택원 출생
1908년	· 박승필, 광무대 인수 · 협률사가 원각사로 재개관
1909년	· 김천흥 출생
1911년	· 최승희 출생
1912년	· 김보남 출생
1915년	· 김인호, 경성구파배우 조합 부조합장에 임명. 평양부 기생학교 설립 (평양부 신창리) · 박외선 출생
1917년 (11세)	· 서당에서 천자문을 거쳐 통감4권까지 배웠다.
1918년 (12세)	· 한학을 공부하던 중 고향을 찾은 남사당패를 따라 가출했다. 정화춘이 모가비로 있던 사당패였다.

1919년 (13세)	· 황해도 황주 노름판에서 붙들려 집으로 돌아왔다. · 팔자소관이라며 반대하던 아버지 이재학도 재인의 길을 걷도록 허락. 화성재인청의 뜬쇠들로부터 재인청의 춤과 반주음악을 익혔다. 독선생으로 줄타기의 명인 김관보를 모셔왔다. · 도대방이 되다. 1922년 강제로 화성 재인청을 폐지하는 바람에 결국 마지막 도대방이 되었다.	
1920년 (14세)	· 두 살 위의 처녀 연화와 혼인하다. 나흘 만에 가출. · 광무대에서 최고의 흥행사인 박승필에게 발탁되어 낮에는 최고 수준의 스승들에게 전문 예능을 체계적으로 배웠으며, 밤에는 광무대 공연에 출연하여 순식간에 인기를 모았다. · 이때부터 광무대가 1930년 없어질 때까지 여러 스승의 가르침을 받았다. 전통춤과 장단의 대가 김인호, 대금, 피리, 해금의 명인 장점보, 태평소의 대가 방태진, 경서도창과 재담 그리고 발탈의 명인 박춘재, 남도잡가를 하는 조진영 등에게서 모든 것을 익혔다. · 김인호한테서는 30여 종의 춤뿐만이 아니라 전통춤의 장단(장구, 젓대, 해금, 꽹과리, 북)까지 고스란히 물려받았다.	· 전국기생조합(권번) 설치, 유성기 보급 · 한영숙 출생
1922년		· 화성 재인청 폐지
1925년		· 강선영 출생
1926년		· 이시이 바쿠, 경성공회당에서 공연 · 최승희, 일본 이시이 바쿠 무용연구소 입소 · 송범, 김수악 출생
1927년 (21세)	· 광무대에 적을 두고 있는 가운데, 일본 전역을 순회 공연하는 공연단에 참가했다. · 일본 '가지야'에 속아 단원 12명(최팔근, 백림봉, 이행, 이일선 등)을 이끌고 일본에 팔려가, 죽을 고생 끝에 탈출했다.	· 김숙자, 이매방, 김백봉 출생 · 조택원, 일본 이시이 바쿠 무용연구소 입소
1928년		· 최승희 귀국, 최승희 무용 연구소 개설
1930년 (24세)	· 화성권번과 인천권번 그리고 서울의 종로권번, 한성권번, 조선권번에서 타령, 굿거리, 살풀이, 승무 등을 가르쳤다.	· 제1회 최승희 무용발표회 · 광무대, 화재로 손실 · 조선음률협회 결성
1931년		· 박외선, 다카다 세이코와 이시이 바쿠 문하에 입문

1931년 또는 1932년		· 김인호 사망
1932년		· 박승필 사망 · 최승희 일본 공연 ('에헤 라 노혜라') · 한영숙, 한성준 춤 전수
1933년 (27세)	· 조선성악연구회에서 조몽실, 오수암, 이동백, 김창환, 정정렬, 조진 영, 임방울, 고수인 한성준과 다니며 전통춤과 줄타기를 공연했다.	· 조선성악연구회 발족 · 조택원 제1회 발표회 · 육완순 출생
1934년		· 최승희, 도쿄에서 단독 제1회 신작무용발표회 ('승무', '에헤라 노혜라' 등) · 조택원, 귀국 후 제1회 공연
1935년		· 부민관 개관 · 한성준 제1회 무용발표 회(부민관) · 배구자, 동양극장 설립
1936년 (30세)	· 목포권번에서 장월중선을 가르쳤다.	· 제1회 박외선 무용발표 회(도쿄청년회관)
1937년 (31세)	· 한성준이 만든 조선음악무용연구회에서 춤 선생으로 초빙되어 활 동했다. · 최승희에게 장고무, 승무, 태평무, 진쇠춤, 입춤 등을 가르쳤다.	· 조선음악무용연구회 창 립 · 최승희, 중남미, 미국, 유 럽 공연(3년간)
1938년		· 박외선 일본영화 〈토착민 의 영웅〉 안무와 출연
1940년 (34세)	· 〈한성준무용발표회 보고〉 2회 공연에서, 태평무와 학무와 진사무(급 제무)와 신로심불로를 공연했다.	· 한성준, 첫 해외공연(도 쿄 히비야공화당)
1941년		· 한성준, 제2회조선예술 상 무용 부문 수상. 기 구치 칸 메달 받음(일본 모던니혼사 주최) · 한성준 사망

1944년		·박외선 귀국, 전국학교 교육무용지도자 강습회 개최(개성)
1945년 (39세)	·여성국보단체를 조직하여 대표가 되었다. 임방울, 조몽실, 전일도, 오수암, 조금앵, 박보화, 도금선 등이 같이 활동했다.	
1946년 (40세)	·해방 후 '춤과 민속음악연구소'를 만들어 가르치고, 단체로 전국 방 방곡곡을 누볐다. 서울 장안의 명사 부인들이 만든 '이동안 선생 후 원회'가 있을 정도로 인기였다.	
1947년 (41세)	·제3회 전국농악경연대회에서 줄타기 시범을 보이다.	·최승희 월북, 평양에 국립최승희무용연구소 설립
1948년 (42세)	·대한국악음악무용전문학원을 서울 남산에 차리고 춤을 가르쳤다. 이곳에서 김백봉을 제자로 맞았다.	·박춘재 사망
1950년 (44세)	·부인, 6.25전쟁의 와중에 포격으로 사망	·국립극장 개관
1953년		·이동백 사망 ·박외선, 이화여대 체육과 교수로서 현대무용 지도
1957년 (51세)	·부산에서 여성농악단을 조직하고, 부산시장의 허가를 받아 금강원 안에 가설무대를 지을 때 총감독을 맡았다. ·KBS TV를 통해 태평무와 발탈을 발표했다.	
1958년 (52세)	·유기룡, 박헌봉, 박석희 등과 함께 대한국악원 창립위원으로 위촉 되었고, 그 후 경기도 지부장을 지냈다.	
1961년		·임방울 사망
1962년		·문화재보호법 시행
1963년 (57세)	·대성여고, 선화예고 무용강사를 지냈다.	·박외선 주도로 이화여대 에 무용학과 최초로 개설 ·육완순, 제1회 현대무용 발표회(명동 국립극장)
1964년		·김천흥, 중요무형문화재 제1호 〈종묘제례악〉 예능 보유자 지정

1965년 (59세)	·동래야류회를 근거지로, 부산민속예술협회 지도강사를 지냈다. ·한국민속극연구소에서 서울로 모셔왔다.	
1967년		·최승희 숙청
1969년		·최승희 사망 ·한영숙, 중요무형문화재 제27호 〈승무〉 예능보유 자 지정
1970년 (64세)	·전통춤에 대한 관심이 소홀해지면서 활동이 저조해지기 시작했다. ·부산 민속회관에서 발탈 공연을 가졌다.	
1971년		·김천흥, 중요무형문화재 제39호 〈처용무〉 예능보 유자 지정 ·한영숙, 중요무형문화재 제40호 〈학춤〉 예능보유 자 지정
1972년		·문화예술진흥법 제정
1973년 (67세)	·서울 신당동에 무용학원을 차렸다.	·육완순, 〈지저스 크라이 스트 슈퍼스타〉 공연(이화 여대 대강당) ·국립무용단 창단
1974년		·장충동 국립극장 개관 ·박외선, 현대무용 공연(장 충동 국립극장) ·조택원 문화훈장 1호 수여
1975년 (69세)	·마지막 줄타기 공연을 했다. ·국악협회 온양지부장을 지냈다.	
1976년		·조택원 사망
1977년 (71세)	·〈이동안 한량춤 및 발탈 발표회〉 (3월 4일, 한국문화예술진흥원 강당) 정병호가 만든 '전통무용연구회' 창립공연. 승무와 태평무, 한량춤, 병신춤, 진쇠춤, 발탈(어릿광대 박해일)을 무대에 올렸다. 이 중 승무 와 한량춤, 병신춤, 진쇠춤과 발탈을 직접 공연했다. 사회는 최현, 해설은 심우성이 맡았다. 악사로 이영일, 오주환, 김순봉, 김한국, 김상봉이 나섰다.	·박외선, 고별 현대무용 공연(이화여대 대강당) ·소극장 공간사랑 개관

1979년 · 〈전통무용의 밤〉(4월 18일~22일, 소극장 공간사랑)
(73세)   한량무를 추다. 정병호가 사회를 보고, 김숙자의 무속무용과 공옥
         진의 곱사춤, 임준동의 불교의식무용, 이매방의 보령승무·삼현승
         무 순으로 펼쳐졌다.
       · 〈명무전〉(12월 8일, 서울예고 강당, 전통무용연구회 주최)
         태평무를 추다. 임준동의 법고, 하보경의 북춤, 김숙자의 도살풀이
         춤, 이용배의 구음 허튼춤, 공옥진의 허튼춤, 박관용의 모방구춤, 이
         매방의 승무가 이어졌다.

1981년 · 8월 14일 미국 워싱턴 케네디센터에서 공연했다. 이동안의 태평무
(75세)   와 희극무, 하보경의 범무부와 북춤, 공옥진의 희극무와 허튼춤, 이
         매방의 승무와 살풀이가 무대에 올려졌다. 워싱턴을 시작으로 뉴욕,
         LA를 거쳐 일본 도쿄에서도 공연을 가졌다.

1982년 · 한국국악협회 서부지부장, 한국국악협회 공로상을 수상했다.
(76세) · 〈공간 전통예술의 밤〉(4월 26일, 소극장 공간사랑)
         진쇠춤, 태평무, 승무를 추다. 사물놀이(쇠 이광수, 징 최종실, 북 김용
         배, 장구 김덕수)가 반주를 맡았다.
       · 〈민속예술 큰잔치〉(6월 2일~17일, 소극장 공간사랑)
         진쇠춤, 검무, 태평무(4,5일)을 추다. 김명수도 함께 출연했다. 이와
         함께 일응스님의 범패, 바라춤과 김숙자의 무속무용, 공대일·강도
         근의 흥부가, 안채봉의 심청가, 성우향의 춘향가, 조한춘의 경기무
         속음악, 우옥주의 황해도 태탕굿이 펼쳐졌다.
       · 서울 종로구 묘동 95번지에 이동안전통무용전수소를 열었다. '전통
         무용기본무'를 가르치는 월례강좌를 시작했다.(10월)
       · 〈김명수 전통무용〉(12월 28일, 세종문화회관 소강당)
         태평무를 직접 추다. 김명수는 전수받은 태평무, 진쇠춤, 승무, 살풀
         이, 검무, 엇중모리 신칼대신무를 추다. 문일지가 사회를 보고, 악사
         로는 임선문, 정일동, 방인근, 서용석, 김상봉, 사물놀이(김용배, 김덕
         수, 이광수, 최종일)가 출연했다.

1983년 · 《이동안 태평무의 연구》(김명수 지음, 나래)가 출간되었다.(1월)
(77세) · 미국 단체가 주최한 〈발탈 특별공연〉(1월 26일, 문예예술진흥원 소극장)
       · 〈한국 명무전 II〉(3월 23, 24일, 세종문화회관 대극장)
         진쇠춤을 추다. 김석출의 오귀굿, 신석남의 오귀굿살풀이, 김덕명
         의 양산사찰학춤, 김수악의 기방굿거리, 김복섭의 장고춤, 권재업
         의 병신춤, 하보경의 북춤, 김숙자의 부정놀이춤이 소개되었다. 반
         주는 사물놀이(쇠 김용배, 징 최종실, 북 이광수, 장고 김덕수)가 맡았다.

·6월 1일 중요무형문화재 제79호 발탈의 기능보유자로 지정되었다.이 결정으로 전통춤의 원형을 간직한 자신의 춤이 정당한 평가를 받지 못하고 널리 알려지지 않아 제자들마저 줄어들게 되었다고, 안타깝게 생각했다.

·〈김명수 전통무용〉(9월 11일~12일, 예술극장 판)
입춤, 도살풀이, 엇중모리 신칼대신무, 장고무, 태평무, 진쇠춤, 승무를 무대에 올렸다. 여기서 직접 장고를 맡았다. 악사로는 징 정일동, 피리 방돌근, 아쟁 서용석, 대금 이생강이 나왔다. 찬조에는 살풀이 김일옥.

·〈한국명무 큰잔치〉(12월 9일, 서울국립극장)

·〈발탈 및 전통무용 발표회〉(12월 13일)

·〈11시에 만납시다-이동안 옹의 춤 인생〉KBS 2TV 방영(김명수와 함께 출연)

1984년 (78세)	·이동안전통무용전수소를 서울시 종로구 묘동 77-1번지로 옮겨 다시 문을 열었다.(2월) ·〈발탈 및 전통무용 발표회〉(12월 24일, 소극장 공간사랑)	
1985년 (79세)	·〈이동안 춤판-팔순기념공연〉(12월 14일, 문예회관 대극장) 발탈과 승무, 진쇠춤, 엇중모리 신칼대신무, 태평무, 희무극을 올렸다. 최현이 특별출연. 재담에 박해일, 악사로 피리 방인근·김상봉, 아쟁 천대용, 장고 박병임, 징 강미애가 나왔다. ·공연 직후 이동안전통무용전수소를 서울시 동대문구로 옮겼다.	
1986년 (80세)	·〈발탈 발표회〉(11월 22일)	
1987년 (81세)	·〈발팔·전통무용 발표회-춤과 함께 70년, 제자와 함께 벌이는 큰 춤판〉(6월 14일, 문예회관 대극장) 발탈, 기본무, 살풀이, 한량무, 검무, 진쇠춤, 태평무, 승무, 엇중모리 신칼대신무, 희극무를 공연했고, 이 중 발탈과 진쇠춤, 희극무를 직접 추다. 악사로는 가야금 서용석, 대금 박동현, 피리 방인근, 해금 문종호, 아쟁 천대홍, 장고 박정임이 나왔다.	·이매방, 중요무형문화재 제27호 〈승무〉 예능보유자 지정
1988년 (82세)	·이동안전통무용전수소를 서울시 중랑구 망우동 202-19 수정빌딩 302호로 옮겼다. ·〈이동안 발탈·전통무용〉(7월 17일, 문예회관 소극장) 기본무, 태평무, 살풀이, 진쇠춤, 발탈연희, 줄타기, 검무, 엇중모리 신칼대신무, 소고무, 희극무, 승무를 보여주었다. 이 중 진쇠춤과 희극무는 직접 추고, 줄타기에서는 어릿광대 역을 맡았다. 박동진의 판소리와 이생강의 대금독주도 함께했다. 대금 이생강, 피리 방인근, 해금 김상봉, 아쟁 천대용, 장고 박정임, 징 문종호가 악사로 참여했다.	·강선영, 중요무형문화재 제92호 〈태평무〉 예능보유자 지정

1989년	·〈이동안 발탈·전통무용〉 (10월 22일, 국립극장 소극장) 발탈연희, 기본무, 진쇠춤, 살풀이, 태평무, 승무, 희극무, 엇중모리 신칼대신무를 공연했다. 이 중 진쇠춤, 태평무, 희극무, 엇중모리 신 칼대신무를 직접 추다. 찬조로 김덕명이 양산사찰학춤을, 장월중선 이 신로심불로를 추다. 악사로는 대금 이생강, 아쟁 서용석, 해금 김 한국, 피리 방인근, 징 김상봉, 장고 이동안, 구음 신우경이 나왔다.	·한영숙 사망 ·소극장 공간사랑 폐관
1990년 (84세)	·〈이동안 전통예술〉 (5월 13일, 문예회관 대극장) 기본무, 살풀이, 승무, 태평무, 엇중모리 신칼대신무, 진쇠춤, 그리 고 발탈과 줄타기를 공연했다. 이 중 태평무와 진쇠춤을 직접 췄고, 기본무에서는 장고를 맡았고, 줄타기에서 어릿광대 역할을 맡았다. 찬조로 김덕명이 양산사찰학춤을, 하보경(밀양백중놀이 보유자)이 밀 양북춤을 추다. 악사로 대금 이생강, 아쟁 서용석, 해금 김한국, 피 리 방인근, 징 김상봉, 장고 조한춘이 나왔다.	·이매방, 중요무형문화재 제97호〈살풀이춤〉예능 보유자 지정 ·김숙자, 중요무형문화재 제97호〈도살풀이춤〉예 능보유자 지정
1991년 (85세)	·〈이동안 전통예술〉 (8월 25일, 문예회관 대극장) 발팔과 기본무, 팔박무, 엇중모리 신칼대신무, 승무, 검무, 살풀이 춤, 태평무, 진쇠춤을 공연했고, 이 중 진쇠춤을 직접 추다. 정순임 의 판소리와 하보경이 밀양북춤 그리고 오수복(경기도 당굿 보유자)의 제석거리춤, 안채봉(판소리)의 소고춤도 같이 했다. 음악은 대금 이 생강, 아쟁 윤윤석, 해금 김한국, 장고 이성진, 북 조한춘, 피리 방인 근, 징 김상봉, 꽹가리 최병기가 맡았다.	·김숙자 사망
1992년 (86세)	·〈춤, 명인전〉 (4월 4일, 문예회관 대극장) 엇중모리 신칼대신무를 추다. 대금 원장현, 장고 박환영, 꽹가리 허 윤정, 아쟁 윤윤석, 피리 김재영·박동국이 악사를 맡았다. ·〈운학 이동안 전통예술 – 미수기념공연〉 (5월 27일, 문예회관 대극장) 발탈연희를 시작으로 기본무, 진쇠춤, 검무, 한량무, 승전무, 엇중모 리 신칼대신무, 태평무를 무대에 올렸다. 이 중 태평무를 직접 췄고, 승무에서 북과 살풀이를 담당했다. 찬조로 임이조의 한량무, 김계 화의 교방굿거리, 묵계월(경기민요기능보유자)의 시창과 양승희의 가 야금이 함께하는 송서誦書(삼설기三說記)가 무대에 올랐다. 뒷풀이로 마당 풍물놀이(쇠 정철기, 장고 최익환, 징 임용수, 북 김광수)가 있었다. 음악은 대금 이생강, 아쟁 윤윤석, 피리 방인근·김한국, 해금 김상 봉이 맡았다. ·〈우리 시대의 명인 – 춤으로만 남은 인생〉 MBC TV 방영(8월 10일, 최승호 연출) 용인 민속촌에서 줄타기 시범을 보이며 김대균(현재 예능보유자)에게 줄타기를 전수하는 모습과 옛 재인청 자리인 화성행궁 화령전에서 엇중모리 신칼대신무를 추는 모습, 창덕궁 대조전에서 태평무를 추 는 모습이 담겼다.	

·〈한국 명무전〉(9월 27일, 세종문화회관 대극장)
엇중모리 신칼대신무를 추다. 하보경의 밀양북춤, 김덕명의 양산
사찰학춤, 안채봉의 소고춤, 강선영의 태평무, 김운선의 도살풀이,
석종관의 왜장녀춤, 김천흥의 춘앵전, 이애주의 살풀이, 이매방의
승무가 함께 올랐다.
·이동안전통무용전수소를 서울 회기동 경희대 앞으로 옮겼다.

1993년 (87세)	·〈이동안 전통무용 발탈〉(5월 15일~16일, 문예회관 대극장) 기본무, 진쇠춤, 태평무, 엇중모리 신칼대신무, 신선과 학무, 한량 무, 승무, 바라무, 회극무, 승무, 살풀이를 무대에 올렸다. 심우성 해 설, 하보경의 북춤, 김수악의 구음, 문일지과 김진홍이 찬조출연. 악 사는 대금 기형표, 피리 김한국·김상건, 아쟁 김경환, 해금 김상봉, 장고 박정임이 나왔다.
1994년 (88세)	·〈조선조 마지막 광대 운학 이동안 발탈, 전통무용공연〉(10월 6일, 세 종문화회관 소강당) 발탈과 한량무, 기본무, 신로심불로, 엇중모리 신칼대신무, 진쇠춤 을 무대에 올렸다. 이 중 신로심불로를 직접 추고, 무용극 '신선과 선녀'에서 신선 역을 맡았다. 밀양 북춤의 하보경과 진주 검무의 김 수악과 함께 즉흥춤을 추었다. 대금의 이생강과 사물놀이패의 이광 수가 특별출연했다. 정병호 해설.
1995년 (89세)	·10여 년 동안 천식 등을 앓다가, 6월 20일 수원도립의료원에서 영 면했다. 충남 천안시 목천면 풍산공원묘지에 묻혔다.

참고 자료

강이향, 《생명의 춤 - 월북 무용가 최승희의 예술과 삶》, 지양사, 1989

경기도사편찬위원회, 《경기도의 문화와 예술》, 수원시, 1997

곰브리치, 차미례 옮김, 《예술과 환영, 회화적 재현의 심리학적연구》, 열화당, 2003

구히서, 《한국의 명무》, 한국일보사 출판국, 1985

구히서 글, 정범태 사진, 《춤과 그 사람, 이동안-신칼대신무》, 열화당, 1992

구혜자, 《한복 만들기 - 구혜자의 침선노트 I, II》, 한국문화재보호재단, 2001

국립민속박물관 편, 《엽서 속의 기생읽기-박민일 기증 특별전》, 국립민속박물관, 2008

김백봉, 《봉산탈춤무보》, 한국문화예술진흥원, 1976

김상경, 《진쇠춤》, 도서출판 금광, 1998

김수남, 《아름다움을 훔치다》, 도서출판 열림원, 2004

김정길, 《달마가 서쪽에서 온 까닭은?》, 홍법원, 1990

김천흥, 《한국무용의 기본무보》, 문화재 관리국, 1969

김청만, 김규형, 조희춘, 한승석, 《한국의 장단 II 》, 도서출판 율가, 2009

노동은, 《지영희 평전》, 평택문화원, 2013

_____, 《한국음악론》, 한국학술정보, 2002

노동은 책임연구, 천현식, 모형오, 김문성, 조순자, 《경기음악》, 민속원, 2012

마종기, 《아버지 마해송》, 정우사, 2005

들뢰즈, 김상환 옮김, 《차이와 반복》, 민음사, 2004

리쩌허우, 정벽석 옮김, 《중국 고대 사상사론》, 한길사, 2005

박용구 구술, 《한반도 르네상스의 기획자》, 수류산방, 2011

성기숙 기록, 《태평무 인간문화재 강선영》, 연낙재, 2008

성경린, 《한국전통무용》, 일지사, 1979

손태도, 《우리 무형문화재의 현장에 서서》, 집문당, 2008

수원시사편찬위원회, 《수원시사16_이곳에 가면 수원의 역사가 보인다》, 수원시, 2014

심우성, 《한국의 민속극》, 창작과비평사, 1975

우창섭, 평양음악무용대학 무용표기연구실, 《무용표기법》, 문예출판사, 1987

유민영, 《삶과 문화의 뜰》, 푸른사상, 2000

_____, 《한국근대연극사 신론》, 태학사, 2011

_____, 《한국근대극장 변천사》, 태학사, 1998

윤택림 편역, 《구술사, 기억으로 쓰는 역사》, 도서출판아르케, 2010

이두현, 《한국의 가면극》, 일지사, 1979

이정우, 《세계 철학사 1 : 지중해 세계의 철학》, 도서출판길, 2011

이혜구, 《한국음악연구》, 국민음악연구회

임명진, 김익두, 최동현, 정원지, 김연호, 《판소리의 공연 예술적 특성》, 민속원, 2004

장사훈,《국악총론》, 정음사, 1979

_____,《여명의 국악계》세광출판사, 1989

정병호,《민속기행》, 눈빛, 1992

_____,《춤사위, 공연예술총서》, 한국문화예술진흥원, 1981

_____,《한국춤》, 열화당, 1985

조풍연 해설,《사진으로 보는 조선시대 생활과 풍속》, 서문당, 1986

주강현 외 채록 집필,《수원 근·현대사 증언 자료집 III》, 수원시, 2005

채희완,《한국춤의 정신은 무엇인가》명경, 2000

최길성,《한국의 무당》, 열화당, 1981

최동현,《판소리란 무엇인가》, 에디터, 1999

최승희, 정병호 해제,《조선민족무용기본》, 동문선, 1991, 서울 /조선예술출판사, 1958, 평양

태혜숙 외,《한국의 식민지 근대와 여성공간》, 도서출판 여이연, 2005

피종호,《몸의 위기》, 까치글방, 2004

화성연구회,《수원문화예술사》, 수원시, 2004

Agrippina Vaganova, *Basic Principles of Classical Ballet: Russian Ballet Technique*. Newyork : Dover Publications,INC. 1969

Ann Hutchinson, *Labanotation : The System of Analyzing and Recording Movement*. Newyork : Theatre Arts Books, 1977

Judy Van Zile, *Perspectives on Korean Dance*. Middletown: Wesleyan University Press, 2001

프로그램

〈이동안 한량춤 및 발탈발표회〉, 1977년 3월 4일, 한국문화예술진흥원 강당

〈명무전〉, 1979년 12월 8일, 서울예고 강당, 전통무용연구회 주최

〈공간 전통예술의 밤〉, 1982년 4월 26일, 소극장 공간사랑

〈민속예술 큰잔치〉, 1982년 6월 2일~17일, 소극장 공간사랑

〈김명수 전통무용〉, 1982년 12월 28일, 세종문화회관 소강당

〈한국 명무전 II〉, 1983년 3월 23, 24일, 세종문화회관 대강당

〈김명수 전통무용〉, 1983년 9월 11~12일, 예술극장 판

〈이동안 춤판 팔순기념공연〉, 1985년 12월 14일, 문예회관 대극장

〈통일굿〉, 1986년, 3월 21~23일, 29, 30일, 도쿄·오사카

〈이동안 발탈·전통무용 발표회〉, 1987년 6월 14일, 문예회관 대극장

〈이동안 발탈·전통무용〉, 1988년 7월 17일, 문예회관 소극장

〈이동안 발탈·전통무용〉, 1989년 10월 22일, 국립극장 소극장

〈이동안 전통무용〉, 1990년 5월 13일, 문예회관 대극장

〈이동안 전통예술〉, 1991년 8월 25일, 문예회관 대극장

〈춤, 명인전〉, 1992년 4월 4일, 문예회관 대극장

〈운학 이동안〉, 1992년 5월 27일, 문예회관 대극장

〈한국 명무전〉, 1992년 9월 27일, 세종문화회관 대극장

〈이동안 전통무용 발탈〉, 1993년 5월 15일~16일, 문예회관 대극장

〈조선조 마지막 광대 운학 이동안 발탈, 전통무용공연〉, 1994년 10월 6일, 세종문화회관 소강당
〈김명수의 아리랑〉, 2010년 10월 1, 2일 국립극장 달오름극장

보고서와 자료집
무형문화재 조사보고서 제118호 〈줄타기〉 김천흥
무형문화재 조사보고서 제149호 〈태평무와 발탈〉 정병호, 최현
무형문화재 조사보고서 제181호 〈태평무〉 정병호
제1회 용인문화원 학술세미나 자료집 〈용인 출신 춤 명인 김인호 선생〉

인터뷰
Interviewed by Sylviane Gold "Myung Soo Kim, A Dancer's Long Road To Tradition", Sunday,
    July 3, 2005 The New York Times
Interviewed by Anna Pillot "Global Dance Myung Soo Kim", Newyork : Dance Magazine
    November 2008

지은이.　　　무용가이자 김명수댄스아트 대표.

김명수.　　　1954년 나주시 영산강 줄기에서 태어났다. 발레로 시
작해 이대 무용과에서 현대무용을 전공했다. 이동안,
김숙자, 이매방 춤과 장단을 사사하고, 1980년〈김명수
현대무용〉과 1982년 〈김명수전통무용〉으로 데뷔했다.

미국으로 건너가 리몽과 마사 그라함 테크닉과 마사
마이어와 베시 쉔베르그 안무법을 공부했다. 재미동포 2세 '비나리'와 재
일동포 2세 '한우리' 창립 공연에 안무와 지도를 맡았으며, 민예총 발기인
에 이름을 올렸다.

1990년 가족과 함께 북한을 방문해 홍정화 무용가동맹위원장, 박경실, 우
창섭, 홍석중, 이춘구, 문예봉, 여연구 등 문화예술인과 교류했다. 또한 피
바다가극단 안무가 김해춘과 공동안무를 맡았고, 명예안무가로 위촉되었
다. 이후 1998년까지 일본, 독일, 북한, 미국을 전전하며 '김명수식 춤 테
크닉'을 지도하는 한편 아들과 함께 망명생활을 했다.

베시 쉔베르그 극장, 아시아소사이어티, 듀크42번가 극장, 제이콥스 필로
우 댄스페스티벌, 라마마 극장, 하버드대학 로웰홀, 세인트마크 교회, 세인
트 존 케트리드럴 성당, 국립극장 달오름에서 공연과 워크숍을 진행했다.
제639차 정기수요집회가 열리는 일본대사관 앞과 유엔 프라자호텔에서 열
린 〈글로벌 브이 데이 캠페인〉에서 위안부 추모 공연을 가졌다.

2005년 〈아리랑〉 공연으로 〈뉴욕타임스〉에 "관객을 매료시키고 악령을 몰
아낸 요정"이라는 기사가 실렸고, 그 해 12월 스타-레져 무용평론가 로버
트 존슨이 주는 '베스트 서플라이즈'에 선정되었다.

1977년 논문 〈구도적인 공간 구성에 대하여〉와 1983년 책 《이동안 '태평
무'의 연구》, 2007년 논문 〈한국무용사에서 잊혀진 목소리:진쇠춤과 태평
무에 담겨진 이동안 춤과 철학의 세대 간 연구〉(파리 인터내셔널 댄스 리서치 심
포지엄, 류주연 공동으로)를 발표했다. 뉴욕 링컨센터 공연예술도서관 제롬
로빈슨 댄스컬렉션 특별자문위원을 역임했으며, 현재 서울에서 살고 있다.